Das Junge Deutschland in (

Schriftenreihe der Internationalen Forschungsstelle
»Demokratische Bewegungen in Mitteleuropa 1770-1850«

Herausgegeben von Helmut Reinalter

Band 37

PETER LANG

Frankfurt am Main · Berlin · Bern · Bruxelles · New York · Oxford · Wien

Andreas Eschen

Das Junge Deutschland in der Schweiz

Zur Vereinsorganisation der frühdemokratischen Bewegung im Vormärz

PETER LANG
Europäischer Verlag der Wissenschaften

Bibliografische Information Der Deutschen Bibliothek
Die Deutsche Bibliothek verzeichnet diese Publikation in der
Deutschen Nationalbibliografie; detaillierte bibliografische
Daten sind im Internet über <http://dnb.ddb.de> abrufbar.

Gedruckt auf alterungsbeständigem,
säurefreiem Papier.

ISSN 0937-4353
ISBN 3-631-52766-7

© Peter Lang GmbH
Europäischer Verlag der Wissenschaften
Frankfurt am Main 2004
Alle Rechte vorbehalten.

Printed in Germany 1 2 3 4 5   7

www.peterlang.de

Inhaltsverzeichnis

1. Einleitung 7
1.1 Forschungsstand und Quellenlage 11

2. Die oppositionellen Protestbewegungen in Deutschland 1827-1833 15
2.1 Polarisierung und Politisierung der Burschenschaften 16
2.2 Der radikal-demokratische Flügel der liberal-bürgerlichen
Bewegung 20

3. Die deutschen politischen Flüchtlinge in der Schweiz 27

4. Die erste Phase des Jungen Deutschland 1834-1836 35
4.1 Historischer Überblick 35
4.2 Der Aufbau der Organisation 39
    4.2.1 Der innere Aufbau des Vereins 40
    4.2.2 Ausweitung und Vernetzung des Vereins 44
    4.2.3 Die Handwerkervereine 50
    4.2.4 Aktionsformen 56
    4.2.5 Ausweitung nach Deutschland 59
    4.2.6 Europäische Ausweitung 62
4.3 Die politische Ausrichtung des Vereins 66
    4.3.1 Entwicklungslinien der demokratischen Bewegung 67
    4.3.2 Entwicklung des frühdemokratischen Denkens im Exil 72
    4.3.3 Nationalbewegung und Supranationalität 74
    4.3.4 Die soziale Frage 79
4.4 Zum Vereinsverständnis 82
    4.4.1 Das Junge Deutschland zwischen Arkanum und liberaler
    Öffentlichkeit 82
    4.4.2 Verein als demokratische Institution und temporäre
    Organisationsform 88

5. Die zweite Phase des Jungen Deutschland 1836-1845 95
   5.1 Historischer Überblick 95
   5.2 Der Aufbau der Organisation 98
   5.3 Politische Richtungskämpfe 102
   5.4 Zum Vereinsverständnis 109

6. Resümee 113

Literaturverzeichnis 117

Personenregister 127

1. Einleitung

Die Einschätzung des Emigranten Thomas Mann über die Schweiz als Exilland, sie sei „gastlich aus Tradition, aber unter dem Druck bedrohlich mäch-
tiger Nachbarschaft lebend und zur Neutralität verpflichtet bis ins Moralische
hinein, liess verständlicherweise doch immer eine leise Verlegenheit, Be-
klommenheit merken durch die Anwesenheit des Gastes ohne Papiere, der so
schlecht mit seiner Regierung stand, und verlangte ,Takt‘"[1], könnte der Erfahrung deutscher Emigranten in der Schweiz im Vormärz, also über ein Jahrhundert zuvor, entsprechen.

Als nach dem Frankfurter Wachensturm im April 1833 eine neue Demago-
genwelle nicht nur die Teilnehmer an dem gescheiterten Aufstand in der
Bundeshauptstadt Frankfurt, sondern auch andere radikal gesinnte Burschenschafter, Intellektuelle und Liberale aus der bürgerlichen Oppositionsbewegung zwang, Deutschland zu verlassen, um einer drohenden Verhaftung zu
entgehen, hießen die ersten Ziele Paris und die Eidgenossenschaft. Die radikale Avantgarde Deutschlands ging ins Exil - und in die Konspiration. Trotz
der Enttäuschung über das französische Julikönigtum erwartete man neue
politische Impulse für Europa von Frankreich. Gerade das Zentrum Paris
wurde nicht zuletzt durch die sich dort sammelnden Revolutionäre zum An-
ziehungspunkt der deutschen Emigration.

Die Neutralität der Schweiz und die liberalen Verfassungen, die in einigen
Kantonen eingerichtet worden waren, machten die Schweiz neben Paris zum
Ziel deutscher politischer Flüchtlinge und „zum Umschlagplatz der gärenden
Revolutionsströmungen in Europa"[2]. Bereits im Jahre 1834 organisierten sich
die deutschen Emigranten und gründeten das Junge Deutschland, eine geheime politische Vereinigung, die zunächst dem von dem italienischen Nationalrevolutionär Giuseppe Mazzini ins Leben gerufenen Jungen Europa angegliedert war. In Gesamtdarstellungen über die Geschichte des 19. Jahrhunderts
werden das Junge Deutschland oder das Junge Europa meist nur am Rande
behandelt. Über deren Bedeutung teilen die Verfasser in der Regel die Meinung, daß sie „zu schwach waren, um die politische und soziale Ordnung der
europäischen Staaten ernsthaft gefährden zu können"[3] und zudem handlungs-

---

[1] Brief Thomas Manns an Walter von Molo vom 7.9.1945; zit. n.: Thomas Sprecher,
Thomas Mann in Zürich, Zürich 1992, S. 79.
[2] Klaus Urner, Die Deutschen in der Schweiz. Von den Anfängen der Koloniebildung bis
zum Ausbruch des Ersten Weltkrieges, Frauenfeld 1976, S. 110.
[3] Dieter Langewiesche, Europa zwischen Restauration und Revolution 1815-1849, München 1993, S. 154.

7

unfähig geblieben sind. Die konspirativen Organisationen stellten lediglich einen „Beitrag zum Denken über Revolution"[4] dar. Diese Einschätzung scheint durchaus richtig zu sein, wenn man die Handlungsfähigkeit nur an der direkten Aktion mißt. Zwar ist dies ein Maßstab, den sich die Auslandsvereine der deutschen radikalen Opposition auch selbst gestellt hatten, doch kann gerade durch die Erfahrung des kontraproduktiven Frankfurter Aufstandsversuches die revolutionäre Aktion nicht zur Richtlinie bei der Betrachtung der Wirksamkeit radikaler Opposition werden. So treten bei der Analyse des Jungen Deutschland andere Faktoren in das Blickfeld, die auf den Entwicklungsprozeß der radikal-demokratischen Bewegung maßgeblichen Einfluß hatten.

Betrachtet man weiterhin das oppositionelle Lager in Deutschland, so muß konstatiert werden, daß nach 1833 die radikalen Kräfte entweder durch die staatliche Repression oder durch Flucht stark geschwächt worden waren und sich demgemäß die entscheidenden strukturellen Prozesse der sich herausbildenden radikal-demokratischen Bewegung im Ausland abspielten.

Diese Arbeit versucht, die Bedeutung des Jungen Deutschland als eigenständigen Verein der frühdemokratischen Bewegung herauszuarbeiten. Dies geschieht anhand von drei Untersuchungskomplexen, die die organisatorische Struktur des Vereins, die politische Ausrichtung der Vereinsmitglieder sowie deren Vereinsverständnis beleuchten sollen. Der Analyse des Jungen Deutschland soll eine kurze Darlegung der Entwicklung der radikalen oppositionellen Bewegung in Deutschland 1827 bis 1833 vorangestellt werden, um prüfen zu können, wie sich das politische Denken und die Ansichten über organisatorische Verbindungen in der Emigration weiterentwickelt haben.

Anschließend soll im ersten Untersuchungskomplex anhand einer strukturellen Analyse der Vereinsorganisation die These untermauert werden, daß sich mit dem Jungen Deutschland ein weitverzweigtes, handlungsfähiges und stabiles Kommunikations- und Operationsnetz der emigrierten Intelligenz gebildet hat. Dabei steht sowohl die Betrachtung der formalen Organisationsstrukturen, also des inneren, statuarischen Aufbaus des Vereins, als auch die Untersuchung der Ausweitung sowie der Vernetzung der Organisation zwischen den einzelnen Zweigvereinen und zu anderen Vereinen im Vordergrund. Darüber hinaus soll auch herausgearbeitet werden, inwieweit der formale Aufbau des Vereins auch Ausdruck der politischen Überzeugung und einer eigenständigen Entwicklung war. Außerdem soll auf Aktionsformen und Handlungsmöglichkeiten eingegangen werden.

---

[4] Ebd.

Ebenso ist eine Betrachtung der Handwerkervereine für die Untersuchung des strukturellen Aufbaus von Bedeutung. Sie verweist aber gleichfalls auf die Untersuchung der politischen Ausrichtung. Die wenigen Abhandlungen, die das Junge Deutschland näher analysieren, untersuchen es vor allem im Kontext der ihm angegliederten Handwerkervereine. Die Verfasser - vor allem Vertreter der marxistischen Geschichtsforschung[5] - charakterisieren das Junge Deutschland als Mitinitiator und strukturellen Unterbau der frühen deutschen Arbeiterbewegung. Durch diese einengende Sichtweise wird sowohl die Bedeutung des Jungen Deutschland als auch dessen ideengeschichtlicher Standort verwischt.

Zum zweiten soll deshalb darauf eingegangen werden, ob die politische Ausrichtung des Jungen Deutschland die Träger des Vereins als Teil der frühdemokratischen Bewegung ausweisen kann. In diesem Kontext soll demnach untersucht werden, inwieweit das Junge Deutschland in eine sich bereits entwickelnde Differenzierung der bürgerlich-liberalen Bewegung eingeordnet werden kann und der Verein Ausdruck einer kontinuierlichen Entwicklung der entstehenden radikal-demokratischen Bewegung ist. Mit der Frage nach der politischen Ausrichtung verbindet sich gleichfalls eine Erörterung der nationalen Forderungen des Jungen Deutschland. Des weiteren stellt sich aus der Verbindung zu den Handwerkervereinen die Frage, inwieweit sich die Emigranten mit der Lösung des Pauperproblems beschäftigt haben.

Schließlich steht neben der Untersuchung der Organisationsform des Jungen Deutschland und des politischen Differenzierungsprozesses seiner Mitglieder auch die Frage nach dem Vereinsverständnis der Mitglieder im Mittelpunkt der Darstellung. Mit dem Vereinsverständnis soll im folgenden eine tiefere Bedeutung gemeint sein, die die Mitglieder mit der Vereinsorganisation verbanden - quasi die Vereinsphilosophie.

Dabei soll untersucht werden, inwieweit die Vereinsprinzipien und die Auffassungen der Vereinsmitglieder über Zweck und Funktion der Organisationsform „Verein" sich an ihrer politischen Ausrichtung orientierten. Notwendigerweise muß hierbei auch die Frage nach den Organisationsstrukturen noch einmal aufgegriffen werden.

---

[5] Vgl. Werner Kowalski, Vorgeschichte und Entstehung des Bundes der Gerechten, Berlin 1962; Kowalski kommt zu fruchtbaren Ergebnissen, vor allem für die Demokratisierungstendenzen der Vereinsstrukturen, verfolgt diese aber nicht konsequent weiter, sondern versucht eine vermeintliche bewußte „Proletarisierung" der Bewegung herauszustreichen; vgl. auch Karl Obermann, Zur Frühgeschichte der deutschen Arbeiterbewegung, in: Fritz Klein, Joachim Streisand (Hrsg.), Beiträge zum neuen Geschichtsbild. Zum 60. Geburtstag von Alfred Meusel, Berlin 1956, S. 201-235.

Neben der Frage, ob die Auffassung über den Verein als Prinzip Ausdruck einer demokratischen Bewegung ist, steht außerdem die Frage ob sie ebenfalls Merkmal einer eigenständigen Entwicklung des Jungen Deutschland ist. Das Junge Deutschland steht einerseits in der Tradition des als Zeichen einer dekorporierten Gesellschaft entstehenden Vereinswesens in Deutschland.[6] Somit entsprach die Bildung eines Vereins sozusagen einem progressiven und zugleich nach Öffentlichkeit strebenden Zeitgeist. Andererseits standen die radikal-politischen Vereine im europäischen Vormärz zumeist in der Tradition politischer, die Konspiration nahezu verabsolutierender und streng hierarchischer Geheimgesellschaften. Es soll also weiterhin untersucht werden, inwieweit es den Führern des Jungen Deutschland innerhalb dieses Beziehungsgeflechtes gelang, eine selbständige Vereinsorganisation und vor allem eine selbständige Vereinsphilosophie zu entwickeln, die sowohl der Exilsituation, als auch dem politischen Selbstverständnis der Vereinsmitglieder Rechnung trug.

Schließlich soll also die Annahme verifiziert werden, daß sich das Junge Deutschland gemäß des politischen Selbstverständnisses und der nationalen Herkunft seiner Träger sowohl in Beziehung zu seinem Gründungs- und Dachverein, dem Jungen Europa, als auch innerhalb des Spektrums der Organisationen und Vereine der oppositionellen Bewegung als eine selbständige Vereinsform etablieren konnte. Besondere Aufmerksamkeit soll hierbei auch den Motiven und der Funktion der Geheimhaltung zukommen.

Die Arbeit ist chronologisch strukturiert. Dabei sind die Zäsuren nicht künstlich gewählt, sondern entsprechen den Brüchen in der Geschichte des Jungen Deutschland in der Schweiz, die vor allem von der staatlichen Repression festgesetzt sind. Da sich die Untersuchung in erster Linie auf die Bedeutung der Vereinsorganisation sowie deren geschichtlichen Wurzeln bezieht, liegt der Schwerpunkt auf den organisatorischen Anfängen des Vereins.

Das Quellenmaterial zum Jungen Deutschland ist äußerst umfangreich. Angesichts der weitverzweigten Provenienz erscheint eine spezielle Darstellung der Quellenlage angebracht. Außerdem soll der Forschungsstand skizziert werden.

---

[6] Vgl. hierzu Wolfgang Hardtwig, Strukturmerkmale und Entwicklungstendenzen des Vereinswesens in Deutschland 1789-1848, in: Otto Dann (Hrsg.), Vereinswesen und bürgerliche Gesellschaft in Deutschland, München 1984, S. 11-50.

1.1 Forschungsstand und Quellenlage

Der Forschungsstand zum Jungen Deutschland wurde fragmentarisch bereits angedeutet. Die Mehrzahl der Abhandlungen über das Junge Deutschland behandeln den Verein eher im Zusammenhang mit anderen Interessenschwerpunkten. Es dominiert eine Sichtweise, die den Emigrantenverein im Kontext der ihm angegliederten Handwerkervereine betrachtet und seine Wirkung in erster Linie an die Geschichte der frühen deutschen Arbeiterbewegung anbindet.[7]

Darstellungen, die das Junge Deutschland als eigenständige Vereinsorganisation der emigrierten Intellektuellen und im Wirkungskreis der radikalen Bewegung im Vormärz thematisieren und somit in den Differenzierungsprozeß der bürgerlich-liberalen Oppositionsbewegung integrieren, fehlen hingegen.[8]

Am ergiebigsten erscheint noch der Ansatz Wolfgang Schieders[9], obwohl sich die Untersuchung des Jungen Deutschland im Konnex einer frühen deutschen Arbeiterbewegung in der Schweiz, in Frankreich und in England zu eng an Erklärungsversuchen für die Genese des Sozialismus hält. Sie arbeitet wichtige Impulse der bürgerlichen Bewegung für die frühe deutsche Arbeiterbewegung heraus, vernachlässigt dabei aber die Protagonisten und das Organisationskonzept des Jungen Deutschland.

Da der Großteil der Emigranten vor der Flucht Mitglied der Burschenschaften war, müssen auch Forschungsergebnisse über diese Organisationen miteinbezogen werden, um die Ausgangslage in der Schweiz an die Entwicklung nach

---

[7] Vgl. die bereits erwähnten Darstellungen von Werner Kowalski und Karl Obermann; vgl. vor allem die äußerst detaillierte Abhandlung: Wolfgang Schieder, Anfänge der deutschen Arbeiterbewegung. Die Auslandsvereine im Jahrzehnt nach der Julirevolution von 1830, Stuttgart 1963; vgl. auch Ernst Schraepler, Handwerkerbünde und Arbeitervereine 1830-1853. Die politische Tätigkeit deutscher Sozialisten von Wilhelm Weitling bis Karl Marx, Berlin 1972, S. 29-126; Otto Brugger, Geschichte der deutschen Handwerkervereine in der Schweiz 1836-1843. Die Wirksamkeit Weitlings (1841-1843), Bern 1932; zwar in vielerlei Hinsicht veraltet, aber aufgrund der dem Verfasser vorliegenden Quellen die Beziehung zwischen Flüchtlingen und der Schweizer Regierung präzise darstellend: Heinrich Schmidt, Die deutschen Flüchtlinge in der Schweiz und die erste deutsche Arbeiterbewegung 1833-1836, Zürich 1899; hier im Nachdruck: Hildesheim 1971.

[8] Verwiesen sei noch auf die Darstellungen in rechtsgeschichtlicher Perspektive: Herbert Reiter, Politisches Asyl im 19. Jahrhundert. Die deutschen politischen Flüchtlinge des Vormärz und der Revolution von 1848/49 in Europa und den USA, Berlin 1992, S. 104-110; außerdem in literaturgeschichtlicher Hinsicht: Antje Gerlach, Deutsche Literatur im Schweizer Exil. Die politische Propaganda der Vereine deutscher Flüchtlinge und Handwerksgesellen in der Schweiz von 1833 bis 1845, Frankfurt am Main 1975.

[9] Vgl. Schieder (wie Anm. 7).

11

der Julirevolution in Deutschland binden zu können. Dabei muß Erwähnung finden, daß bislang eine kritische und überregionale Gesamtdarstellung der burschenschaftlichen Geschichte im Vormärz fehlt. Daher muß auf die älteren Darstellungen der traditionellen burschenschaftlichen Geschichtsschreibung verwiesen werden, die zwar einen detaillierten ereignisgeschichtlichen Überblick bieten, aber aufgrund ihrer nationalgeschichtlichen Ausrichtung vor allem bezüglich der radikal-demokratischen Tendenzen voreingenommen berichten.[10] Für einzelne Burschenschaften gibt es hingegen einige neuere Untersuchungen.[11]

Eine grundlegende Analyse des Jungen Deutschland muß sich vor allem mit dem frühen politischen Vereinswesen auseinandersetzen. Dabei kann sie auf der neueren Vereinsforschung der siebziger und achtziger Jahre aufbauen.[12] Darstellungen zu einzelnen Vereinen liegen in umfangreicher Form vor. Für die frühdemokratische Bewegung erscheint neben der burschenschaftlichen Organisation besonders der Preß- und Vaterlandsverein von Bedeutung.[13]

Bei der Untersuchung der politischen Ausrichtung der jungdeutschen Vereinsmitglieder fällt auf, daß Darstellungen zur Entstehung der demokratischen Bewegung nach wie vor im geringeren Umfang vorhanden sind als Untersuchungen zur Geschichte des Frühliberalismus. Heranzuziehen ist zunächst die

---

[10] Vgl. Georg Heer, Geschichte der deutschen Burschenschaft, Bd. 2: Die Demagogenzeit (1820-1833), Heidelberg [2]1965; an aktuelleren Forschungen vgl. Wolfgang Hardtwig, Protestformen und Organisationsstrukturen der deutschen Burschenschaft 1815-1833, in: Helmut Reinalter (Hrsg.), Demokratische und soziale Protestbewegungen in Mitteleuropa 1815-1848/49, Frankfurt am Main 1986, S. 37-76; vgl. auch Helmut Asmus (Hrsg.), Studentische Burschenschaften und bürgerliche Umwälzung. Zum 175. Jahrestag des Wartburgfestes, Berlin 1992.

[11] Vgl. Georg Polster, Politische Studentenbewegung und bürgerliche Gesellschaft. Die Würzburger Burschenschaft im Kräftefeld von Staat, Universität und Stadt 1814-1850, Heidelberg, 1989; vgl. Severin Roeseling, Burschenehre und Bürgerrecht. Die Geschichte der Heidelberger Burschenschaft von 1828 bis 1834, Heidelberg 1999.

[12] Grundsätzlich sei verwiesen auf: Hardtwig, Strukturmerkmale und Entwicklungstendenzen; vgl. auch Thomas Nipperdey, Verein als soziale Struktur im späten 18. und frühen 19. Jahrhundert, in: Ders., Gesellschaft, Kultur, Theorie. Gesammelte Aufsätze zur neueren Geschichte, Göttingen 1976, S. 174-205; Otto Dann, Die Anfänge politischer Vereinsbildung in Deutschland, in: Ulrich Engelhardt u.a. (Hrsg.), Soziale Bewegung und politische Verfassung. Beiträge zur Geschichte der modernen Welt, Stuttgart 1976, S. 197-232.

[13] Vgl. Cornelia Foerster, Der Preß- und Vaterlandsverein von 1832/33. Sozialstruktur und Organisationsformen der bürgerlichen Bewegung in der Zeit des Hambacher Festes, Trier 1982; vgl. auch Dies., Der deutsche Preß- und Vaterlandsverein im Rahmen des frühen politischen Vereinswesens, S. 213-228, in: Helmut Reinalter (Hrsg.), Die Anfänge des Liberalismus und der Demokratie in Deutschland und Österreich 1830-1848/49, Frankfurt am Main 2002, S. 213-228.

Untersuchung von Peter Wende, in der er anhand der Analyse von Traktaten verschiedener „Vormärzradikaler" die Existenz originär demokratischer Theorieelemente im Vormärz nachweist.[14] Grundlegend sind die Studien von Helmut Reinalter zu den Ursprüngen und Traditionslinien der demokratischen Bewegung.[15] Ebenfalls erscheinen Arbeiten über die Französische Revolution und die deutschen Jakobiner von Bedeutung.[16]

Die Quellen betreffend wurden neben mehreren amtlichen und halbamtlichen Berichten über das Junge Deutschland[17], die teilweise einen beachtlichen Bestand an politischen Schriften und persönlichen Briefen der Führungsmitglieder verwerten konnten, gedruckte politische Erzeugnisse der Emigranten benutzt.

Die Arbeit stützt sich wesentlich auf ungedrucktes Quellenmaterial. So wurden sehr unterschiedliche Quellen aus den wichtigsten Staatsarchiven der Ostschweiz ausgewertet, die vor allem für die erste Phase des Jungen Deutschland bis 1836 von Wichtigkeit sind. Darunter befinden sich interne Bekanntmachungen, Schreiben und Propagandamaterial der Vereinsleitung und umfangreiche Korrespondenzen der Vereinsmitglieder und der verschiedenen Zweigvereine, die im Zuge des polizeilichen Vorgehens gegen die Emigranten konfisziert worden waren. Darüber hinaus wurden amtliche Dokumente der Polizei- und der Regierungsbehörden der verschiedenen Kantone und des jeweiligen Vorortes (Verhörprotokolle, Berichte etc.) herangezogen. Weiterhin konnten bislang kaum genutzte Bestände des Geheimen Preußischen Staatsarchives benutzt werden, die vor allem aus überliefertem Material

---

[14] Vgl. Peter Wende, Radikalismus im Vormärz. Untersuchungen zur politischen Theorie der frühen deutschen Demokratie, Wiesbaden 1975.

[15] Vgl. Helmut Reinalter, Demokratische und soziale Protestbewegung in Mitteleuropa 1815-1848/49, Frankfurt am Main 1986; Ders. (Hrsg.), Die Anfänge des Liberalismus und der Demokratie in Deutschland und Österreich 1830-1848/49, Frankfurt am Main 2002; vgl. auch Uwe Backes, Liberalismus und Demokratie – Antinomie und Synthese. Zum Wechselverhältnis zweier politischer Strömungen im Vormärz, Düsseldorf 2000.

[16] Vgl. Helmut Reinalter, Der Jakobinismus in Mitteleuropa. Eine Einführung, Stuttgart 1981; Ders., Die Französische Revolution und Mitteleuropa. Erscheinungsformen und Wirkungen des Jakobinismus. Seine Gesellschaftstheorien und politischen Vorstellungen, Frankfurt am Main 1988.

[17] Vgl. [Jakob Emanuel Roschi], Bericht an den Regierungsrat der Republik Bern, betreffend die politischen Umtriebe, ab Seite politischer Flüchtlinge und andrer Fremde, in der Schweiz. Mit besonderer Berücksichtigung auf den Kanton Bern, Bern 1836; A. Favre, Zentralpolizeidirektor und D. J. U. Lardy, Maire von Pons, Generalbericht an den Staatsrath von Neuchatel über die geheime deutsche Propaganda, über die Klubbs des jungen Deutschlands und über den Lemanbund. Abdruck der in dem viertem Heft der Eidgenössischen Monatsschrift enthaltenen Uebersetzung, nebst Einleitung: Die Geschichte des deutschen Radikalismus in der Schweiz, Zürich 1846.

der Bundeszentralbehörde, die auch mit der Überwachung der ausländischen „politischen Umtriebe" befaßt war, an das preußische Ministerium des Innern bestehen. In diesen Beständen befinden sich neben Agentenberichten und Verhörprotokollen auch Abschriften von Statuten, Briefen und sonstigen Dokumenten der im Ausland organisierten Flüchtlinge und bieten daher eine wichtige Ergänzung des in der Schweiz vorhandenen Materials.

Schließlich konnte der umfangreiche Nachlaß Georg Feins, der sich im Niedersächsischen Staatsarchiv Wolfenbüttel befindet[18], herangezogen werden. Georg Fein war in der ersten Phase Mitglied und 1835 Präsident des Jungen Deutschland und war zudem in der zweiten Phase nach 1840 immer noch aktiv mit diesem Verein verbunden. Daher bieten seine ausführlichen Beschreibungen seines Umfeldes einen intensiven Einblick in die Geschichte des Jungen Deutschland.

Feins Nachlaß zeichnet sich darüber hinaus durch akribische Abschriften von Dokumenten und selbstverfaßten Briefen an politische Freunde, eine beachtliche Sammlung verschiedenen Materials des Jungen Deutschland und des Jungen Europa und umfangreiche Tagebuchaufzeichnungen aus.

Diese persönlichen Zeugnisse bieten einen nicht zu unterschätzenden Beitrag für die Untersuchung. Gerade für den Zeitraum des Vormärz muß festgestellt werden, daß Quellen von behördlicher und gerichtlicher Seite dominieren.[19] Eine Darstellung, die sich ausschließlich auf Dokumente der verfolgenden Behörden stützt, erscheint nicht unproblematisch, da die spezifischen staatlichen Erwartungshaltungen oder Verhörsituationen, in denen sich die Oppositionellen befanden, die Wirklichkeit verzerren können und ein genaues Bild des zu untersuchenden Gegenstandes nur schwer zu zeichnen ist. Eine kritische Beleuchtung der authentischen Quellen bietet daher eine wichtige Ergänzung.

---

[18] Vgl. Dieter Lent (Bearb.), Findbuch zum Bestand „Nachlaß des Demokraten Georg Fein (1803-1869) sowie Familie Fein (1737-) ca. 1772-1924 (211 N)", Wolfenbüttel 1991.
[19] Vgl. Roseling, S. 154ff.

2. Die oppositionellen Protestbewegungen in Deutschland 1827-1833

Zwar kann und soll im Rahmen dieser Arbeit nicht auf das gesamte Spektrum der oppositionellen Bewegung des Vormärz eingegangen werden, doch sollen zumindest die Gruppen dargestellt werden, die nach dem Frankfurter Wachensturm 1833 entweder aufgrund ihrer direkten Teilnahme oder aufgrund ihrer organisatorischen und politischen Nähe zu den Putschisten aus Deutschland flüchten mußten und schließlich für die Entstehung der Auslandsvereine verantwortlich waren. Diese Gruppen gehörten nicht zu dem tragenden Teil der Protestbewegung, stellten aber durch ihren progressiven und radikalen Charakter einen bedeutenden Faktor dar.

Zwei tabellarische Verzeichnisse geben über die soziale Herkunft der Flüchtlinge sowie über das Motiv der Flucht aus Deutschland näheren Aufschluß. Zum einen das Verzeichnis der deutschen Bundesversammlung, das alle flüchtigen Angeschuldigten registriert.[20] Danach waren 107 der insgesamt 209 aufgeführten Flüchtlinge Studenten. In den meisten Fällen lautete der Vorwurf entweder Mitgliedschaft in einer Burschenschaft oder Teilnahme am Frankfurter Wachensturm. 67 Personen kamen aus dem nichtstudentischen bürgerlichen Milieu. Außerdem wurden 26 Handwerker und 9 Soldaten genannt.

Zum anderen kann das 1836 entstandene Verzeichnis der Schweizer Behörden über die ausgewiesenen oder auszuweisenden Mitglieder des Jungen Deutschland vervollständigende Hinweise geben.[21] Die Mehrzahl der 139 angeführten Deutschen waren Handwerker, während das Verzeichnis 19 Studenten und 21 Personen mit bürgerlichen Berufen angibt.

Hinsichtlich der sozialen Gruppenzugehörigkeit ergibt sich aus den Verzeichnissen, daß ein Großteil der deutschen Flüchtlinge nach 1833 aus dem studentischen Milieu stammte. Für die Flüchtlinge, die die Schweiz als Exilland wählten und aufgrund ihrer fortgesetzten politischen Tätigkeit wiederum vertrieben wurden, ergibt sich ein ähnliches Bild. Hinsichtlich des veränderten Verhältnisses 1835 und 1836 zwischen Studenten und Bürgern muß hinzuge-

---

[20] Vgl. Tabellarisches Verzeichnis der deutschen politischen Flüchtlinge und anderer im Auslande befindlicher Verdächtigen; abgedruckt bei: L. F. Ilse, Geschichte der politischen Untersuchungen, welche durch die neben der Bundesversammlung errichteten Kommissionen der Zentral-Untersuchungsbehörde zu Mainz und der Bundeszentralbehörde zu Frankfurt in den Jahren 1819 bis 1827 und 1833 bis 1842 geführt sind, Frankfurt am Main 1860, Nr. II im Anhang, S. I-LI.

[21] Vgl. Verzeichnis der aus der Schweiz fortgeschafften politischen Flüchtlinge, und solcher, die im Ausland arretirt worden sind, so wie der in mehreren polizeilichen Untersuchungen über die politischen Umtriebe in der Schweiz mehr oder weniger implizirt erscheinenden Fremden, Bern 1836.

fügt werden, daß ein großer Teil der geflüchteten Burschenschafter bereits in den ersten Jahren des Exils den Einstieg in ein bürgerliches Berufsleben fand.[22]

Dieses gewissermaßen vorgezogene Ergebnis zeigt, daß der im folgenden näher zu untersuchende Ursprung der in die Schweiz emigrierten deutschen Flüchtlinge in der deutschen Intelligenz liegt und zwar in den jeweils radikalen und politisch aktiven Lagern der Burschenschaften und der bürgerlichen Oppositionsgruppen. Die folgende Darstellung dieser Gruppen soll weiterhin zeigen, daß die Feststellung „die revolutionäre Intelligenz der 30er Jahre, (...), entstammte der bürgerlichen Bewegung"[23], bei differenzierter Betrachtung unzureichend erscheint. Zwar befanden sich die Studenten quasi in einer Art Schwellensituation zum Übergang ins bürgerliche Leben, doch schuf die abgeschlossene Sphäre der Universität auch eine exklusive Haltung, die bei Kontakten mit der bürgerlichen Bewegung eine spezifisch studentische Position produzierte.

2.1 Polarisierung und Politisierung der Burschenschaften

Die nach der Ermordung des Dichters Kotzebue im Jahre 1819 einsetzende Restaurationsphase hatte ein öffentliches politisches Wirken in Deutschland fast unmöglich gemacht. Eine der politisch aktivsten Gruppen in Deutschland, die deutschen Burschenschafter, konnte sich bis 1827 lediglich in streng geheimen „engeren" Vereinen organisieren. Diese Zirkel bestanden nur aus den aktivsten Studenten und waren aufgrund der staatlichen Repression, die sich verstärkt auf die deutschen Universitäten konzentrierte, fast nur innerhalb ihrer Universität aktiv und demgemäß äußerst handlungsunfähig.[24]

Im Jahre 1827 ermöglichte eine innenpolitische Lockerung zuerst durch die bayerische Regierung,[25] dann auch in Hannover, Baden und anderen Ländern[26] die öffentliche Gründung unpolitischer Studentenverbindungen. War die Liberalisierung ursprünglich als bessere Kontrollmöglichkeit gedacht, erweiterte sich unter den Studenten der Spielraum politischen Denkens und Handelns, so daß schließlich die bestehenden geheimen Organisationsstruktu-

---

[22] Vgl. Schieder, S. 113ff.

[23] Schieder, S. 92.

[24] Vgl. Hardtwig, Protestformen, S. 47.

[25] Vgl. Polster, S. 127f.

[26] Vgl. Heer, Geschichte der deutschen Burschenschaften, S. 151f.

ren ausgebaut werden konnten.[27] So wurde im September 1827 auf dem Bamberger Burschentag die „Allgemeine deutsche Burschenschaft" als nationaler Verband wiedergegründet.[28] Die Zweckbestimmung des nationalen Verbandes, die in Bamberg formuliert wurde, hatte die „Vorbereitung zur Herbeiführung eines frei und gerecht geordneten und in Volksfreiheit gesicherten Staatslebens im deutschen Volke vermittels Beförderung eines freien, wissenschaftlichen, sittlichen und volkstümlichen Lebens auf der Hochschule und einer kräftigen Entwicklung des Körpers"[29] zum Inhalt. Da sich der nationale Verband als die Vereinigung für die „auf den Hochschulen sich bildenden deutschen Jugend"[30] darstellte, war die Grundlage für die weitere Entwicklung der Burschenschaften geschaffen, die vor allem durch die Begriffe Polarisierung und Politisierung gekennzeichnet ist.

Die verstärkte politische Diskussion forcierte eine bereits bestehende Spaltung der burschenschaftlichen Bewegung in einen germanischen und einen arminischen Flügel. Im Gegensatz zu den Arminen forderten die Germanen eine praktisch-politische „und in der Steigerung der letzten Jahre entschieden revolutionäre Richtung nach Zweck und Mittel"[31], die zunächst nur auf die politische Einheit Deutschlands ausgerichtet war.[32] In den folgenden Jahren und schließlich auf dem Würzburger Burschentag 1829 konnten sich die Germanen im nationalen Verband durchsetzen.[33]

Ein entscheidendes Strukturmerkmal der germanischen Burschenschaften war die Aufteilung in einen engeren und einen weiteren Verein. Als sich die Repressionsphase 1827 teilweise abschwächte, behielten die germanischen Burschenschaften diese während der staatlichen Repression der 20er Jahre ausgebildete konspirative Organisationsform bei. Die engeren Vereine waren geheim und bildeten die oberste und aktivste Spitze der Burschenschaften. Die Mitgliederzahl wurde gezielt klein gehalten, und man ergänzte sich durch Kooptation.[34] Die weiteren Vereine dienten der Ausbildung und Rekrutierung.

---

[27] Vgl. Polster, S. 128ff.

[28] Vgl. Heer, Geschichte der deutschen Burschenschaften, S. 159ff.

[29] Georg Heer, Die allgemeine deutsche Burschenschaft und die Burschentage 1827-1833, Heidelberg ²1965, S. 272.

[30] Heer, Burschentage, S. 271.

[31] Darlegung der Hauptresultate aus den wegen der revolutionären Complotte der neueren Zeit in Deutschland geführten Untersuchungen. Auf den Zeitabschnitt mit Ende Juli 1838, Frankfurt am Main 1838, S. 18.

[32] Bezüglich des Duellwesens nahmen hingegen die Arminen eine fortschrittlichere Haltung ein; vgl. Roeseling, S. 154.

[33] Vgl. Polster, S. 132; Roeseling, S. 152 ff.

[34] Vgl. Hardtwig, Protestformen, S. 46ff.

Die engeren Vereine hatten sich als konspiratives Forum der radikalen Elite bewährt, das Schutz vor staatlicher Beobachtung und größere politische Handlungsfähigkeit bot. Zudem war auch nach 1827 an ein öffentliches politisches Handeln im Sinne der radikalen germanischen Burschenschafter nicht zu denken. Die mäßige politische Lockerung bewirkte aber eine Ausweitung über den vorher allein auf die eigene Universität eingeschränkten Handlungsspielraum hinaus.[35] Die Germanen trugen durch die im geheimen operierenden und damit politisch aktiveren engeren Vereine maßgeblich zur Entwicklung eines überregionalen Forums bei, welches die nationale Vernetzung möglich machte. So wurde die Neugründung des nationalen Verbandes von der germanisch-orientierten Würzburger Burschenschaft initiiert.[36] Ebenfalls stand die Allgemeine deutsche Burschenschaft von Beginn an unter der Führung des progressiven germanischen Flügels. Die sich an diese Entwicklung anschließende sukzessive politische Radikalisierung der Burschenschaften nach 1827 und vor allem nach der Julirevolution 1830 ging auch von diesem aktivsten Teil der Studenten aus.

Ein Indiz für diese Entwicklung sind Differenzen mit der Breslauer Burschenschaft auf dem Dresdner Burschentag im April 1831. Die Breslauer Burschenschaft hatte in ihrer Verfassung eine Verwahrungsklausel gegen das „Eingreifen in das Bestehen der äußeren staatsgesellschaftlichen Verhältnisse"[37] eingelassen. In Dresden wurde diese Klausel als unzulässig betrachtet, „denn, wenn es auch niemals Sache der Burschenschaften, als bloßer Studentenverbindung, seyn könnte, den Umsturz bestehender Verfassungen zu bewirken und noch weniger bindende Vorschriften zu machen, so seyen doch die Fälle, nicht vorauszusehen, in denen die Einzelnen durch ein unmittelbares Einwirken eine Pflicht gegen das Vaterland zu erfüllen meinen dürfen."[38] Wurde in Dresden dem Individuum schon zugestanden, politisch aktiv im germanischen Sinne handeln zu können, setzten sich die germanischen Burschenschaften auf dem nächsten Burschentag in Frankfurt am Main 1831 auch in bezug auf die Zweckbestimmung der „Allgemeinen deutschen Burschenschaft" durch. Der Grundsatz der „praktisch-politischen Tendenz" wurde von allen anwesenden Burschenschaften angenommen, womit die Möglichkeit „des selbsttätigen Eingreifens in die Verhältnisse des Vaterlandes,

---

[35] Vgl. Polster, S. 128ff.
[36] Vgl. Polster, S. 130f.
[37] Heer, Geschichte der deutschen Burschenschaften, S. 218.
[38] Darlegung der Hauptresultate, S. 19.

18

wo, wann und auf welche Weise die Möglichkeit des selbständigen künftigen Wirkens gegeben ist,"[39] gemeint war.

Nicht übersehen werden darf, daß der Frankfurter Burschentag gewissermaßen einen vorläufigen Abschluß eines steten Entwicklungsprozesses innerhalb der Burschenschaften darstellt und die politischen Forderungen noch äußerst vage und unkonkret waren.[40] Trotzdem ist bei einigen Einzelburschenschaften durchaus schon eine fortgeschrittene Formulierung ihrer politischen Ziele nachzuweisen. Liberale Ideen, die durch die Julirevolution Verbreitung fanden und republikanische Forderungen wurden z.B. von der Würzburger Burschenschaft vertreten, die die „Erlangung zeitgemäßer Institutionen" auch durch einen „Aufstande mit gewaffneter Hand"[41] forderte. Insgesamt muß für die burschenschaftliche Bewegung bis 1833 allerdings konstatiert werden, daß kein eigenes politisches Programm formuliert wurde. Zum einen kann das mit der immer intensiveren Einbindung in die bürgerliche Bewegung und der damit einhergehenden Übernahme politischer Zielvorstellungen erklärt werden, zum anderen ist die burschenschaftliche Bewegung als Protestbewegung durch einen „stark aktivistischen Akzent"[42] geprägt, weshalb sich ihre Entwicklung vor allem an ihrem Engagement und ihren Aktionen messen läßt.[43]

Die Entwicklung nach 1827 zeigt aber deutlich die Herausbildung einer radikal-politischen Avantgarde in den Burschenschaften, die nicht zuletzt durch ihre straffe Organisationsform politisch handlungsfähiger war als die Arminen und dadurch die Vorherrschaft im nationalen Verband gewinnen konnte, wenn auch durch die elitären und konspirativen Führungsstrukturen „die Demokratisierungsleistungen der Jahre 1815 bis 1819, (...), preisgegeben"[44] wurden.

Die weitere Entwicklung des germanisch-orientierten Verbandes ist geprägt durch die Diskussion, wie praktisch-politische Arbeit der Burschenschaften auszulegen ist - reformerisch oder revolutionär. Die Beantwortung dieser Frage sowie die Präzisierung des politischen Programms sind Zeichen der fortgesetzten Differenzierung und Radikalisierung der germanischen Burschenschaften, welche nach 1830 bereits in den Entwicklungsprozeß der liberal-bürgerlichen Massenbewegung integriert waren.

---

[39] Heer, Burschentage, S. 327.

[40] Auch war der Großteil der organisierten Studenten in arminischen Verbindungen; vgl. Hardtwig, Protestformen, S. 48.

[41] Polster, S. 172.

[42] Roeseling, S. 315.

[43] Vgl. Roeseling, S. 313ff.

[44] Hardtwig, Protestformen, S. 47.

2.2 Der radikal-demokratische Flügel der liberal-bürgerlichen Bewegung

Betrachtet man die nach der französischen Julirevolution in Deutschland entstehende liberale Bewegung im Vergleich zu den Burschenschaften, so zeich-
nete sie sich vor allem durch ihren größeren Wirkungskreis, den programmatischen Anspruch nach Öffentlichkeit und das präzisere politische Programm
aus.

Andererseits entwickelte sich der Aufbau einer nationalen burschenschaftlichen Organisation konvergierend zu den nationalen Forderungen der bürgerlichen Protestbewegung. Den Burschenschaften kam daher auch durch ihre
nationale Wirksamkeit eine Vorkämpferrolle für die im Aufbau begriffene
bürgerliche Opposition zu.[45] Daraus erwuchsen mehrere Ansatzpunkte politischer Zusammenarbeit.

Erste Ansätze einer Zusammenarbeit zwischen Burschenschaften und Teilen
des Bürgertums hatte es schon vor der Julirevolution gegeben. Der Grundidee
Karl Follens, einen studentischen Jünglingsbund zu gründen, der in Kontakt
mit einem aus ehemaligen Studenten bestehenden Männerbund treten sollte,[46]
entsprachen wenigstens organisatorisch mehrere Gesprächszirkel zwischen
Studenten und außeruniversitären Gruppen, wie z. B. Beamten oder Akade-
mikern.[47] 1831 verbündeten sich Burschenschafter in München „mit Personen, die dem bürgerlichen Leben und in diesem einer bestimmten Partei angehörten, unter ihnen die Doctoren Siebenpfeiffer, Gottfried Eisenmann aus
Würzburg und Daniel Ludwig Pistor."[48] Weitere Annäherungen ergaben sich
aus den Polenkomitees, die zur Unterstützung der flüchtenden polnischen
Freiheitskämpfer gegründet wurden. Dabei wurde die Basis für weiterrei-
chende politische Diskussionen zwischen Gruppen geschaffen, die sich in
dieser Form vorher nicht austauschen konnten.[49] War diese Vereinigung auch
in erster Linie „anlaßgebunden"[50], konnte auf den geknüpften Verbindungen
ein Fundament für die weitere Beziehung zwischen Bürgern und Studenten
entstehen, die innerhalb des Preß- und Vaterlandsvereines ausgebaut wurde.

---

[45] Vgl. Sabine Kopf, Studenten im deutschen Preß- und Vaterlandsverein. Zum Verhältnis
von Burschenschaften und nichtstudentischer bürgerlicher Opposition 1832/33, in: Helmut Asmus (Hrsg.), Studentische Burschenschaften und bürgerliche Umwälzung. Zum
175. Jahrestag des Wartburgfestes, Berlin 1992, S. 185-196, hier: S. 196.

[46] Vgl. Hauptbericht der Central-Untersuchungs-Kommission, d. d. Mainz den 14. Dezember 1827, S. 187; vgl. auch Hardtwig, Protestformen, S. 51.

[47] Vgl. Polster, S. 186ff.

[48] Darlegung der Hauptresultate, S. 21.

[49] Vgl. Hardtwig, Protestformen, S. 54f.

[50] Hardtwig, Protestformen, S. 55.

Der Preß- und Vaterlandsverein war 1831 durch einen Aufruf des Publizisten Johann Georg August Wirth entstanden und kann als erster „Ansatz einer liberal-demokratischen gesamtnationalen Parteigründung im vormärzlichen Deutschland"[51] angesehen werden. Die Zielsetzung des Vereins, eine „durchgreifende politische Reform, (...), Einführung einer gleichförmigen, konstitutionellen Staatsverfassung in allen deutschen Ländern, Preßfreiheit, (...), und vor allem eine gemeinsame deutsche Nationalrepräsentation"[52], bot vor allem für die radikalen germanischen Burschenschafter einen starken Anreiz.

Der Preß- und Vaterlandsverein profitierte durch die zahlenmäßige Vergrößerung des Vereins, da die burschenschaftlichen Verbände in ihrer Gesamtheit beitraten.[53] Außerdem waren die straffe Organisationsform und die praktisch-politische Tendenz der germanischen Burschenschaften für die Vereinsarbeit besonders gut geeignet. Die Burschenschafter gründeten Filialkomitees und trugen zur finanziellen Unterstützung durch Sammlungen in der Bevölkerung oder das Abonnieren von Zeitungen, die dem Verein personell wie ideell nahestanden, bei.[54] Die nationale Vernetzung der Burschenschaften ermöglichte eine Ausdehnung des Preß- und Vaterlandsvereins z. B. auch auf die norddeutschen Universitätsstädte.

Auf der anderen Seite konnten die Burschenschaften über den universitären Raum hinaus wirken, um ihrem Ziel, „durch Volksaufklärung das politische Bewußtsein zu heben"[55], besser gerecht zu werden. Weiterhin stellte die Zusammenarbeit mit Teilen der bürgerlichen Bewegung eine Möglichkeit dar, das eigene politische Profil zu präzisieren. Allerdings stand die konspirative Struktur der engeren Vereine trotz ihrer organisatorischen Vorteile diametral zum programmatischen Öffentlichkeitsanspruch des liberalen Preß- und Vaterlandsvereines. Da das Arkanum bei den Burschenschaften aber lediglich einer optimierten konspirativen Arbeit diente und nicht mehr Zeichen einer gesellschaftlich abgeschlossenen studentischen Gruppe war,[56] konnte sich eine Zusammenarbeit zwischen den radikalen Burschenschaftern und dem im Zuge der Differenzierung der bürgerlichen Oppositionsbewegung entstehenden radikal-demokratischen Flügel entwickeln.

---

[51] Ebd.

[52] Gründungsaufruf der „Deutschen Tribüne"; zit. n.: Foerster, Der Preß- und Vaterlandsverein von 1832/33, S. 18. Foerster hat auch demokratische Merkmale im Aufbau des Vereins festgestellt; vgl. Foerster, Der deutsche Preß- und Vaterlandsverein im Rahmen des frühen politischen Vereinswesen, S. 220ff.

[53] Vgl. Hardtwig, Protestformen, S. 55f.

[54] Vgl. Kopf, S. 186f.

[55] Kopf, S. 188.

[56] Vgl. Hardtwig, Protestformen, S. 45.

Diese Annäherung geschah unter der Aufgabe der studentischen Exklusivität.[57] Dieser Prozeß stellte den eigentlichen Beitrag der Burschenschaften zur oppositionellen Bewegung dar. Den Höhepunkt erreichte diese Entwicklung auf dem Stuttgarter Burschentag im Dezember 1832, in dessen Verlauf schließlich das „Anschließen und [die] Vereinigung zu gemeinschaftlichem Handeln mit dem Vaterlandsverein oder womöglich Herbeiführung gänzlicher Vereinigung"[58] als Mittel zur Veränderung der Verhältnisse beschlossen wurde.

Für wie wichtig die Aufgabe des studentischen Exklusivitätsanspruchs auch von den Beteiligten selbst beurteilt wurde, wird deutlich durch eine Darstellung Georg Feins, Mitglied und dritter Präsident des Jungen Deutschland, auf einer Vortragsreihe 1847 in den Vereinigten Staaten. Fein versucht die organisatorische Entwicklung darzustellen und konstatiert für die geheimen Vereine: „Indessen zeigt sich ein großer Fortschritt und eine verhältnismäßig größere Bedeutung dieser Verbindungen gegen den Jünglingsbund in den Jahren 1821-1823. Früher hatten sich die geheimen Verbindungen meist nur, mit wenigen Ausnahmen, auf die Studenten beschränkt; jetzt nahmen Männer aus allen Volksklassen daran Theil. Dazu hatten hauptsächlich die verschiedenen Vereine in Frankfurt a. M., so wie die gegenseitigen Zusammenkünfte der Bürger und Studierenden auf den Universitäten, namentlich in Heidelberg, Giessen, Marburg, Würzburg, Jena und Tübingen mitgewirkt."[59]

Die bereits erwähnte Bildung zweier verschiedener politischer Flügel innerhalb der bürgerlichen Bewegung war vergleichbar mit der Polarisierung der Burschenschaften. Die Diskussion über das zu erreichende staatliche System und über die Art und Weise des politischen Kampfes markierten diese Spaltung. Die Burschenschafter bildeten durch ihre „erhöhte Bereitschaft zu politischem Engagement"[60] von Anfang an eine starke Gruppe auf der Seite des radikal-demokratischen Flügels.

Auf dem Hambacher Fest, dem Fanal der liberalen Bewegung, trat zum einen die Spaltung der liberalen Bewegung, zum anderen die Präzisierung und Radikalisierung des politischen Programms der Burschenschaften und des radikal-demokratischen Flügels zutage. Der radikale Burschenschafter Karl Heinrich Brüggemann forderte in einer Rede auf dem Fest, bei dem auch rund 300

---

[57] Vgl. Hardtwig, Protestformen, S. 56.
[58] Heer, Burschentage, S. 342.
[59] Vorträge über neueste deutsche Geschichte von Georg Fein. Angefangen und beendigt in Philadelphia 1847, Januar-April, Niedersächsisches Staatsarchiv Wolfenbüttel [im folgenden: NStA WF], 211 N, Nr. 81, fol. 12f.
[60] Foerster, Der Preß- und Vaterlandsverein von 1832/33, S. 45.

Burschenschafter zugegen waren, die Durchsetzung der Volksherrschaft, wobei auch der gewaltsame Weg als Möglichkeit miteinbezogen wurde. Eine gesetzliche, reformerische Lösung wäre nur möglich, wenn „die Machthaber die Gesetze achten und nicht verdrehen und mißbrauchen."[61]

Johann Georg August Wirth, einer der Organisatoren des Festes, dessen politische Ansichten entscheidenden Einfluß auf das Junge Deutschland haben sollten, proklamierte das Ziel einer Republik und beschwor das „conföderierte republikanische Europa."[62]

Die radikalen und bedingt gewaltbereiten Anhänger des demokratischen Flügels befanden sich innerhalb der liberalen Bewegung allerdings in der Minderheit. Eine anschließende Versammlung, die über das weitere Vorgehen und die mögliche Konstituierung einer Art Nationalversammlung beraten sollte, führte zu keinem Ergebnis, da sich der Großteil der Versammelten nicht kompetent fühlte, als Repräsentant des gesamten Volkes zu fungieren.[63]

Auf der Versammlung konnte sich der gemäßigte Flügel der Bewegung durchsetzen. Dem radikalen Flügel gelang es aber, durch seine größere Agitations- und Aktionsbereitschaft die Vorherrschaft in den Vereinsstrukturen auszubauen. Die auf dem Hambacher Fest für alle exemplarisch auftretende Spaltung der Bewegung führte zu einer Isolierung der radikal-demokratischen Gruppen und einer steten Radikalisierung unter einem sich entwickelnden Realitätsverlust, der sich mit dem Frankfurter Wachensturm im April 1833 offenbarte. Gefördert wurde diese Entwicklung durch die nach dem Hambacher Fest verschärften repressiven staatlichen Maßnahmen. Durch die sechs Artikel der Bundesversammlung vom 28. Juni und die Bundesbeschlüsse vom 5. Juli 1832 wurden die radikalen Teile der liberalen Bewegung vollends in die Konspiration gedrängt. In den Beschlüssen wurden nicht nur „Vereine, welche politische Zwecke haben"[64] untersagt, sowie das Verbot der Burschenschaften erneuert, sondern die Verbote bezogen sich auch auf Volksfeste und -versammlungen.

Somit wurden auch die Führer des Preß- und Vaterlandsvereines genötigt, ihre Arbeit in der Konspiration zu verrichten. Diese Entwicklung zeigt die

---

[61] Johann Georg August Wirth, Das Nationalfest der Deutschen zu Hambach, Neustadt 1832; hier im Nachdruck: Neustadt 1981, S. 81.

[62] Wirth, Das Nationalfest der Deutschen, S. 48.

[63] Vgl. Darlegung der Hauptresultate, S. 25; Foerster, Der Preß- und Vaterlandsverein von 1832/33, S. 32f.

[64] Ernst Rudolf Huber (Hrsg.), Dokumente deutscher Verfassungsgeschichte, Bd. 1: Deutsche Verfassungsdokumente 1803-1850, Stuttgart 1961, S. 121.

Abhängigkeit der Organisationsstrukturen oppositioneller Vereinigungen von den rechtlichen Rahmenbedingungen.

Die Burschenschaften hatten sich bereits auf dem Stuttgarter Burschentag für den Weg der Revolution entschieden[65] und waren zu einer gewalttätigen Aktion bereit. Sie hatten „in der steten Erwartung gelebt, es würde in Rheinbayern losgehen, und zu dem Glauben kamen wir nicht etwa aus reiner Vermuthung, sondern durch Verbindungen, die wir, (...), mit den Journalisten hatten."[66] Revolutionär gesinnte Preßvereinsmitglieder forcierten also die umstürzlerischen Bestrebungen der Burschenschaften. Die hinzukommende wachsende Enttäuschung zahlreicher Republikaner führte zur Fehlinterpretation der revolutionären Stimmung in Deutschland, was schließlich mit dem Frankfurter Wachensturm endete. Die Folge dieses kontraproduktiven Putschversuches waren Hochverratsanklagen gegen 1200 Studenten und eine Demagogenverfolgung, die zu einer beträchtlichen Flüchtlingsbewegung führte, die bereits skizziert wurde.[67]

Die bisherigen Ergebnisse zeigen, daß man die Gruppe der Flüchtlinge aus Deutschland als radikale Intelligenz bezeichnen kann, die sich aus dem demokratischen Flügel der bürgerlichen Bewegung und den radikalisierten Teilen der Burschenschaften zusammensetzte. Da sie einen kleinen Teil der liberalen Gesamtbewegung ausmachte, ist sie treffender als intellektuelle radikale Avantgarde zu charakterisieren. Die zum Teil bereits begonnene Zusammenarbeit dieser Gruppen wäre ohne die einsetzende staatliche Repression sicher auch in Deutschland weiter verfolgt worden.[68]

Die Annäherung beider Gruppen erfolgte unter Aufgabe der studentischen Exklusivität. Die ersten organisatorischen Ansätze waren einerseits geprägt durch die gesamtnationale und nach Öffentlichkeit strebende Ausrichtung der Vereinsstrukturen, andererseits durch die konspirative und auch unter repressiven Umständen handlungsfähige Organisationsform der Burschenschaften. In der Zusammenarbeit trafen demnach sowohl die Tradition eines sich entwickelnden liberalen Vereinswesens, das Zeichen der Auflösung einer korporierten Gesellschaft war,[69] als auch die Tradition älterer geheimbündlerischer Strukturen der Burschenschaften zusammen.

Nicht zuletzt durch den Kontakt mit dem liberalen Vereinsprinzip entwickelte sich das Arkanum der germanischen Vereine von einer von der übrigen nicht-

[65] Vgl. Heer, Burschentage, S. 342.
[66] Darlegung der Hauptresultate, S. 27.
[67] Siehe Kap. 2, S. 15f.
[68] Vgl. Hardtwig, Protestformen, S. 59f.
[69] Vgl. Hardtwig, Strukturmerkmale und Entwicklungstendenzen, S. 13ff. und S. 19.

studentischen Gesellschaft abhebenden Funktion zu einer zweckbestimmten Aktionsform. Zwar konnten die ursprünglich divergierenden Ansichten unter dem Eindruck staatlicher Verfolgung scheinbar vereint werden, doch kam die damit auch unvermeidlich verbundene Auseinandersetzung durch die staatliche Verfolgung nicht mehr zustande.

Weiterhin zeigt die Ausbildung verschiedener Gruppierungen und die Verbindung der radikal-demokratischen Kräfte Ansätze von Parteibildungen, die auch den für den Vormärz entscheidenden „Zusammenhang des nationalen und demokratischen Aufbruchs"[70] deutlich macht.

Die aufgezeigten Entwicklungen zeigen, daß, während der größte Teil der bürgerlich-liberalen Bewegung in Deutschland blieb, die Prozesse innerhalb der erst entstehenden demokratischen Bewegung im Ausland erfolgten. Inwieweit an diese Ansätze auch nach der Emigration angeknüpft werden konnte, soll die folgende Untersuchung wenigstens für den Emigrantenverein das Junge Deutschland beantworten.

---

[70] Otto Dann, Nation und Nationalismus in Deutschland 1770-1990, München ³1996, S. 88.

3. Die deutschen politischen Flüchtlinge in der Schweiz

Die ersten organisatorischen Ansätze deutscher Flüchtlinge im Ausland hatte es bereits 1832 gegeben. Nach dem Aufruf durch Wirth in seiner Zeitung „Deutsche Tribüne", Filialen des Preß- und Vaterlandsvereines zu gründen, entstand in Paris die erste außerdeutsche Gründung. Die Filiale entwickelte sich zum nahezu eigenständigen Deutschen Volksverein, der wiederum eine Ausgangsbasis für die späteren Vereine Sühnungsbund, Bund der Geächteten und Bund der Gerechten war.[71]

Entgegen bisherigen Darstellungen wurde auch in der Schweiz ein vergleichbarer Verein gegründet. Georg Fein, der kurz nach dem Frankfurter Wachensturm in die Schweiz geflüchtet war, schickte im Oktober 1833 eine Aufforderung zur Unterstützung des von ihm in Zürich gegründeten Preßvereins nach Deutschland. Da eine publizistische Agitation unmöglich geworden war, „muß der Vaterlandsfreund zum Ausland seine Zuflucht nehmen. Dort muß gedruckt werden, von dort aus gesendet werden, was jene Aufklärung und Ermuthigung [der Deutschen, d. Verf.] nur irgend befördern kann. Zu diesem Zweck hat sich ein deutscher Preßverein in Zürich gebildet, der für den Druck und die Verbreitung zeitgemäßer politischer Schriften sorgen wird."[72] Die Schriften sollen „die materiellen und geistlichen Leiden des deutschen Volkes, die Ursachen derselben, die vorhandenen anwendbaren Mittel zu deren Hinwegräumung, so wie überhaupt zur Erringung eines reichen (...) und unabhängigen deutschen Vaterlands, in ruhiger, gründlicher und allgemein verständlicher Abfassung darzulegen suchen."[73]

Die Preßvereinsgründung in Zürich blieb in der Schweiz singulär und hatte wohl auch keinen längeren Bestand. Trotzdem zeigt sie, daß die Flüchtlinge die Organisation im Ausland sehr schnell als eine Notwendigkeit begriffen. Weiterhin wird auch ein Hauptmotiv der späteren Vereinsgründungen sichtbar. Das Exil im Ausland wurde als neue Handlungsmöglichkeit begriffen, durch die ein neuer Aktionsstandort geschaffen wurde, von dem man publizistisch auf die Verhältnisse in Deutschland einwirken wollte, womit auch indirekt deutlich wird, daß die Emigranten einen längeren Aufenthalt akzeptiert hatten.

---

[71] Vgl. Schieder, S. 14ff.

[72] Brief Georg Feins an Freund N.N. [Gudehus] in Braunschweig; Zürich, 20. 11. 1833, NStA WF, 211 N, Nr. 37, fol. 1f. [Die in dieser Arbeit aus dem Nachlaß Georg Feins verwendeten persönlichen Briefe sowie Dokumente des Jungen Deutschland sind eigenhändige Abschriften Feins der Originale].

[73] Ebd.

Neben dem bereits dargestellten Traditionsgeflecht[74] begannen nun auch ausländische Einflüsse auf die deutschen Flüchtlinge einzuwirken. Der Deutsche Volksverein in Paris gelangte unter den Einfluß des politischen Vereins Charbonnerie.[75] Greifbar wird diese Einwirkung bei der Umwandlung in den Bund der Geächteten im Frühjahr 1834 und der Betrachtung dessen Statuten. Die innere Struktur des neuen Vereins glich vor allem im streng-hierarchischen Aufbau der Charbonnerie. Drei voneinander getrennte Gruppen unterstanden einer Führungsgruppe, der „Nationalhütte", die der „Haute Vente" der Charbonnerie entsprach.[76] Die höheren Grade waren den unteren Gruppen unbekannt und die „Nationalhütte" wählte ihre Mitglieder selbst.[77] Nach den Statuten ergab sich „die Nothwendigkeit dieser Bestimmung (...) aus dem Wesen des Geheimnisses der Verbindung."[78] Weiterhin erhielten die Mitglieder der unteren Gruppen „allgemeine" Statuten, in denen die Existenz der obersten Spitze des Vereins nicht erwähnt wurde.[79] Sowohl die Statuten als auch zelebrierte Aufnahmerituale oder andere geheimbündlerische Elemente entsprachen kryptopolitischen Vereinsformen, die starke mystische Strukturen benutzten[80] und das Arkanum förmlich zum Dogma des Vereins erhoben.

Die von Philippe Buonarotti geführte Charbonnerie war in den 30er Jahren das beherrschende Vorbild geheimer politischer Organisationen. Ursprünglich als Karbonaria auf die italienische Einheitsbewegung konzentriert, entwickelte sie sich in den 20er Jahren weiter, indem sie sukzessive demokratische Forderungen verfolgte und eine gewissermaßen weltbürgerliche Stellung einnahm, nachdem sich der Schwerpunkt nach Frankreich verlagert hatte.[81]

Der italienische Nationalrevolutionär Giuseppe Mazzini, ebenfalls Mitglied der Karbonaria, schied 1831 aus dem Geheimbund aus, nachdem er vor allem die weltbürgerlichen Tendenzen und das Fehlen eines konkreten politischen Programms kritisiert hatte.[82] Weiterhin schien dem Genuesen Mazzini die Charbonnerie durch ihre mystischen und unzweckmäßigen Formen einer veralteten Epoche anzugehören.[83] Quelle der Kritik war wohl bei Mazzini und

---

[74] Siehe Kap. 2.1 und 2.2, S. 16ff.
[75] Vgl. Schieder, S. 22ff.; Schraepler, Handwerkerbünde, S. 41ff.
[76] Vgl. Statuten des Bundes der Geächteten; abgedruckt bei: Ilse, S. 571ff.
[77] Vgl. Kowalski, Vorgeschichte und Entstehung, S. 59f.
[78] Ilse, S. 573.
[79] Vgl. Allgemeine Statuten des Bundes des Geächteten; abgedruckt bei: Ilse, S. 565ff.
[80] Vgl. Schieder, S. 26.
[81] Vgl. Schieder, S. 23.
[82] Vgl. Schieder, S. 30f.
[83] Vgl. Alfred Stern, Geschichte Europas von 1830 bis 1848, Bd. 1, Stuttgart ²1921, S. 378; Stern führt außerdem als Kritikpunkt an, daß die Charbonnerie „ausschließlich auf

seinen späteren Verbündeten die Abhängigkeit von den französischen Revolutionären gewesen.[84] Ende 1831 versuchte der oft als charismatisch dargestellte Mazzini mit der Gründung des Jungen Italien einen neuen Bund aufzubauen. Das Junge Italien breitete sich innerhalb eines Jahres von Frankreich in einem weitverzweigten Netz über ganz Italien aus.[85] Es sollte vor allem durch breit angelegte Agitationskampagnen die Bevölkerung aufklären, um auf diese Weise einen größeren Rückhalt bei einem Aufstand zu haben. Die Wirkung des Jungen Italien blieb allerdings begrenzt. Relevanz kommt ihm hingegen als Ausgangsbasis für das Junge Europa und das Junge Deutschland zu. Der erste intensivere Kontakt der deutschen Flüchtlinge in der Schweiz mit Mazzini kam 1834 zustande. Mazzini plante mit einer internationalen Armee das Königreich Savoyen zu erobern, um somit ein Fanal zu setzen und eine allgemeine Erhebung zuerst in Italien und schließlich in ganz Europa auszulösen. Neben einigen hundert Italienern, Franzosen und Polen nahmen auch „etliche 20 deutsche Studenten" teil.[86] Organisation, Verlauf und Ende des Insurrektionsversuches, der am 31. Januar 1834 von Schweizer Boden aus startete und am 3. Februar endete, waren ähnlich kläglich wie der Frankfurter Wachensturm.[87] Zudem hatten die Regierungen relativ früh Kenntnis von

---

das Verständnis der höheren Gesellschaftsklassen zugeschnitten sei"; Stern, Geschichte Europas, Bd. 1, S. 378.

[84] Vgl. Ernst Schraepler, Geheimbündelei und soziale Bewegung. Zur Geschichte des „Jungen Deutschland" in der Schweiz, in: International Review of Social History 7, 1962, S. 61-92, hier: S. 62.

[85] Vgl. Hans Gustav Keller, Das „Junge Europa" 1834-1836. Eine Studie zur Geschichte der Völkerbundsidee und des nationalen Gedankens, Zürich und Leipzig 1938, S. 47.

[86] Schmidt, S. 36. Zwei amtliche Verzeichnisse weisen 23 deutsche Teilnehmer nach; vgl. Verzeichnis derjenigen fremden politischen Flüchtlinge, die wegen ihrer Teilnahme an dem Einfall nach Savoyen, laut Großratsbeschluß vom 6. Mai 1834 im Kanton Bern nicht geduldet werden dürfen, Schweizerisches Bundesarchiv Bern, D 0, Tagsatzungsperiode 1814-48, Schachtel 1861, fol. 668ff.; vgl. weiterhin Verzeichnis derjenigen Individuen, welche wegen der Theilnahme am Savoyerzuge aus dem Kanton Zürich weggewiesen wurden, Staatsarchiv des Kantons Basel-Landschaft [im folgenden: StA BL], Neueres Archiv 2003, Politisches C.2.1., Nr. 23, fol. 110ff.; bei den in beiden Verzeichnissen registrierten 23 deutschen Flüchtlingen, die in der Mehrzahl Studenten waren, sind als spätere wichtige Mitglieder des Jungen Deutschland vor allem Carl Theodor Barth, Friedrich und August Breidenstein, Bernhard Licius, Georg Peters, Ernst Johann Hermann von Rauschenplat, der als Anführer des deutschen Kontingents galt, Klemens Rust, Karl Schapper, Karl Soldan, Franz Strohmeyer und Karl Wilhelm Vincenz zu nennen.

[87] Zum Verlauf des Aufstandsversuches vgl. Wilhelm Prechner, Der Savoyerzug 1834. Die Geschichte eines mißlungenen Revolutionsversuches, in: Zeitschrift für Schweizerische Geschichte 4, 1924, S. 459-507, hier: S. 459ff.; vgl. auch Stern, Geschichte Europas, Bd. 1, S. 393ff.

dem Unternehmen[88] und auch die französische Charbonnerie schien dem Vorhaben entgegenzuarbeiten.[89] Der Plan, durch einen regional begrenzten Aufstand eine allgemeine Erhebung hervorzurufen, war abermals gescheitert. Nachdem sich ein Großteil der Aufständischen wieder in die Schweiz begab, versuchten die ausländischen Mächte, die Schweiz mit diplomatischem Druck zur Ausweisung der Flüchtlinge zu drängen. Die Kantonsregierungen und der Vorort sahen sich im Zwiespalt, einerseits den eigenen liberalen Grundsätzen gemäß politischen Flüchtlingen, die wegen Forderungen aus ihren Heimatländern vertrieben wurden, die in der Schweiz teilweise verwirklicht waren, Asyl zu gewähren, und andererseits die freundschaftlichen Verhältnisse zu den Nachbarstaaten nicht zu gefährden. Hinzu kam die steigende Sympathie der schweizerischen Bevölkerung, die einzelne Kantonsregierungen veranlaßte, Ausweisungsanordnungen des Vorortes zu ignorieren.[90] Die krisenhafte außenpolitische Entwicklung, in die die Schweiz durch den Aufenthalt politischer Flüchtlinge geraten war, währte bis 1836.

Nach dem Fiasko des Savoyerzuges konzentrierte sich Mazzini auf seine Pläne, eine Dachorganisation aller europäischen Nationalbewegungen zu schaffen. Die Gründung des Jungen Europa war Ausdruck der Kritik gegenüber der Charbonnerie. Mazzini wollte dem weltbürgerlichen Verschwörertum der Charbonnerie, der er vorwarf, auf eine hegemoniale Stellung Frankreichs in einer „Republik Europa" hinzuarbeiten, eine nationenübergreifende Organisation entgegenstellen, die aber die nationalen Sonderinteressen der einzelnen Mitgliedsnationen wahrte. Damit erscheint das Junge Europa zunächst als eine Alternativorganisation zur Charbonnerie. Am 15. April 1834 unterschrieben polnische und deutsche Flüchtlinge die Verbrüderungsakte mit dem Jungen Europa und dem bereits bestehenden Jungen Italien und gründeten gleichzeitig das Junge Polen und das Junge Deutschland. Als nächstes konnte der Beitritt der Jungen Schweiz im Frühjahr 1835 verzeichnet werden.[91] Am 10. April 1835 traten die „revolutionären Legionen von Paris" als Junges Frankreich dem Jungen Europa bei,[92] und am 24. Januar 1836 erklärte die Charbon-

---

[88] Vgl. Schmidt, S. 36f.

[89] Vgl. [Heinrich Gelzer], Die geheimen deutschen Verbindungen in der Schweiz seit 1833. Ein Beitrag zur Geschichte des modernen Radikalismus und Kommunismus. Aus gedruckten und ungedruckten Quellen, Basel 1847, S. 22f.

[90] Vgl. Reiter, S. 106.

[91] Vgl. Roschi, S. 37ff.

[92] Vgl. Schreiben des Central-Comités des J.E.; o. O., o. D., NStA WF, 211 N, Nr. 39, fol. 4ff.

nerie vom Diskasterium Ajaccio, also eine Sektion auf Korsika, den Beitritt.[93] Außerdem wird ein Junges Spanien erwähnt, zu dem Mazzini engen Kontakt gehabt haben soll.[94] Artikel 3 und 4 der Verbrüderungsakte charakterisieren das Verständnis der nationalen Zusammenarbeit: „[Art.] 3. Jede der drei Verbindungen ist frei und unabhängig, alle drei aber haben die allgemeinen Grundsätze, welche in der Declaration der Prinzipien niedergelegt sind, zu befolgen. [Art.] 4. Zwischen den drei Verbindungen besteht eine Offensiv- und Defensiv-Allianz, alle drei arbeiten gemeinschaftlich für ihre Emanzipation."[95] Für das Junge Deutschland unterschrieben die Brüder Breidenstein, Franz Strohmeyer, Nast und Georg Peters.[96]

Die einzelnen Nationalvereine sollten sich frei und unabhängig entwickeln. Über allen nationalen Verbindungen, die ihre eigenen Komitees wählten, stand das Zentralkomitee des Jungen Europa, das die Einhaltung der allgemeinen Prinzipien kontrollieren sollte, während alle nationalen Aufgaben im Einflußbereich der jeweiligen nationalen Komitees lagen. Die allgemeinen Prinzipien können mit der Verbrüderung und gegenseitigen Unterstützung der verschiedenen Nationalverbindungen und der Einhaltung und Verwirklichung der Losungsbegriffe „Freiheit, Gleichheit, Humanität" am besten umschrieben werden.

Die vagen Bestimmungen der Verbrüderungsakte bezüglich des Einflusses des Zentralkomitees und der internationalen Aufgaben waren in der Folge Grund für Kompetenzstreitigkeiten mit der Führung des Jungen Europa.

Das Konstrukt eines gesamteuropäischen Führungskomitees stand eigentlich entgegengesetzt zu den Forderungen der Nationalbewegungen nach autonomen nationalstaatlichen Regierungen. Doch die Intention Mazzinis, im Gegensatz zu der von vielen kritisierten Charbonnerie einerseits den separaten nationalen Forderungen gemäß zu wirken und andererseits die Gemeinsamkeiten zu verbinden, um auf diese Weise solidarische Stärke zu demonstrie-

---

[93] Vgl. Brief Eduard Scribas an Ernst Schüler mit der Abschrift der Beitrittsakte; Lausanne, 30.1.1836, Staatsarchiv des Kantons Bern [im folgenden: StA B], BB IX, 329, II, Nr. 14 [Bestand ist unfoliert]; die Korsen machten allerdings zur Auflage, nur als Junges Europa betrachtet und keinem anderen nationalen Verein untergeordnet zu werden.
[94] Vgl. Auszug eines Briefes Eduard Scribas; Lausanne, 28.9.1835, NStA WF, 211 N, Nr. 31, fol. 28.
[95] Vgl. Verbrüderungsakte des „Jungen Europa"; abgedruckt bei: Hans-Joachim Ruckhäberle (Hrsg.), Bildung und Organisation in den deutschen Handwerksgesellen- und Arbeitervereinen in der Schweiz. Texte und Dokumente zur Kultur der deutschen Handwerker und Arbeiter 1834-1845, Tübingen 1983, S. 40.
[96] Vgl. Verbrüderungsakte, S. 40.

ren, war kongruent mit den Wünschen der nationalen Bewegungen. Es sollte „das junge Europa der Völker [sein], daß an die Stelle des alten Europas der Könige treten wird."[97] Resultierend aus dieser noch theoretischen Ausgangssituation wirkte das Junge Europa anfangs anziehender als die Charbonnerie.[98] Die auftretenden Differenzen entstanden in erster Linie an der Person Mazzini bzw. an dessen Auffassung über den Machtbereich des Jungen Europa. Gegner des Jungen Europa kritisierten vor allem den aristokratischen Führungsstil Mazzinis, stellten die Zweckmäßigkeit der Verbindung mit ausländischen Bewegungen aber nicht in Abrede.[99] Befürworter der Verbindung mit dem Jungen Europa betonten immer wieder die Notwendigkeit einer europäischen Bewegung für eine radikale Veränderung in Deutschland. Doch auch sie wollten nicht, daß die deutschen Angelegenheiten unter europäische oder nationale Forderungen anderer Länder subsumiert werden.[100] Daher ergibt sich für die Bedeutung des Jungen Europa eher ein ambivalentes Bild, das die Aussage, „die kurze Geschichte des ‚Jungen Europa' [sei] eigentlich eine Widerlegung ihrer selbst gewesen"[101], monokausal erscheinen läßt.[102] Den Führern des Jungen Europa gelang es zwar nicht, die Problematik zu lösen, nationale Sonderinteressen mit supranationalen Prinzipien zu verbinden. Ebenso endete mit der Flucht Mazzinis aus der Schweiz im Jahre 1836 auch die Zeit des Jungen Europa. Der anfänglichen theoretischen Form nach aber entsprach das Junge Europa exakt den aktuellen Vorstellungen der verschiedenen Nationalbewegungen.

Während der Gedanke an eine organisatorische Verbindung mit anderen Bewegungen in der Programmatik deutscher Flüchtlinge vorhanden war und im Jungen Europa anfangs eine Verwirklichung erlangt zu haben schien, schei-

---

[97] Das junge Europa an die Patrioten der Schweiz, Staatsarchiv des Kantons Zürich [im folgenden: StA Z], P 187. 1 (2 C), Nr. 14, fol. 6.

[98] Vgl. Schieder, S. 31.

[99] Vgl. Brief Eduard Scribas an Hermann von Rauschenplat; o. O., 19.1.1835, in dem Scriba die Kritik einer großen Gruppe deutscher Flüchtlinge in Zürich an der Person Mazzinis zusammenfaßt, StA Z, P 187. 1 (2 C), Nr. 18 [Bestand ist unfoliiert].

[100] Vgl. Brief Eduard Scribas an Ernst Schüler; Lausanne, 28.5.1835, in dem die Ablehnung gegenüber Mazzinis autoritärem Umgang mit der „Jungen Schweiz" auch von Befürwortern des „Jungen Europa" kritisiert wird, StA B, BB IX, 329, II, Nr. 1.

[101] Schieder, S. 31.

[102] Im Grunde genommen erscheint der Versuch, nationale Interessenpolitik und übernationale Richtlinien miteinander zu verbinden, als eine Problematik, die in den Vereinten Nationen bis zum heutigen Tage immanent ist. Damit soll keineswegs eine prophetische Wirkung Mazzinis belegt werden. Doch erscheint die Gründung des Jungen Europa und vor allem die interne Diskussion um die Wahrung partikularer Interessen als ein durchaus demokratischer Prozeß.

terte das Junge Europa in der Praxis vor allem an der Richtung, die ihr Giuseppe Mazzini gegeben hatte. Das theoretische Fundament des Jungen Europa korrespondierte durchaus mit den Wünschen der Flüchtlinge.[103] Nur führten der autoritäre Führungsstil Mazzinis, die damit verbundene Aufwertung der Führungsebene des Jungen Europa und die hervorgehobene Stellung des Jungen Italien[104] zu einer nationalen Abschließung vor allem des Jungen Deutschland und schließlich zum Ende des Jungen Europa.

Besondere Bedeutung kommt dem Jungen Europa hingegen als Initiator des Jungen Deutschland zu. Die Vereinsstruktur wurde gewissermaßen als Leerformel vorgegeben, die von den Vereinsführern im Rahmen der eigenen Traditionen, politischen Ziele und politischen Selbstverständnisses gefüllt werden mußte.

---

[103] Siehe Kap. 4.3.3, S. 74f.
[104] Vgl. Schieder, S. 32.

4. Die erste Phase des Jungen Deutschland 1834-1836

Die erste Phase des Jungen Deutschland in der Schweiz begann mit der Unterzeichnung der Verbrüderungsakte am 15. April 1834 und endete spätestens im August 1836 nach der sogenannten „Flüchtlingshatz". Dieser Zeitraum ist keineswegs durch eine vollkommen ungestörte und kontinuierliche Entwicklung gekennzeichnet. Teilweise unterbrochen wurde der Aufbau zum einen durch das Eingreifen der schweizerischen Behörden, in dessen Folge personelle Verluste zeitweise zu einer Schwächung des Vereins führten, zum anderen durch interne Richtungskämpfe. Im Prozeß der Bildung einer dauerhaften Organisation zeigten diese Brüche allerdings kaum Auswirkung. Die Richtungskämpfe konnten zudem auch zu einer progressiveren Entwicklung führen.

Ein kurzer ereignisgeschichtlicher Abriß der ersten Phase des Jungen Deutschland in der Schweiz soll einen oberflächlichen aber notwendigen Überblick verschaffen, der vor allem für die diachronen Untersuchungskomplexe dienlich sein wird. Zudem erfuhr die Geschichte des Jungen Deutschland bislang in Überblicksdarstellungen über den Zeitraum des Vormärz keine Berücksichtigung.[105] Dabei kann auch ein erster Einblick in Kontinuitäten und Brüche erfolgen. Im folgenden soll daher den Einschnitten ein größerer Raum gegeben werden, da sie auch der Orientierung in den näheren Untersuchungen förderlich sind.

4.1 Historischer Überblick

Nach der Unterzeichnung der Verbrüderungsakte gründete sich in Bern der erste Zentralausschuß des Jungen Deutschland. Im Frühjahr 1834 entstanden neben dem Zentralausschuß mehrere untergeordnete Klubs in anderen Städten. In Biel und Zürich wurden aus bereits seit 1833 bestehenden öffentlichen Vereinen zwischen deutschen Handwerkern und Flüchtlingen geheime Klubs des Jungen Deutschland gegründet. Neben Bern entstanden auch in Lausanne und St. Gallen jungdeutsche Klubs, die ihrerseits öffentliche Handwerkervereine gründeten. Die Handwerkervereine wurden in diesen Städten durch das geheime Junge Deutschland gelenkt.[106]

---

[105] Eine ausführliche ereignisgeschichtliche Darstellung lieferte Wolfgang Schieder; vgl. Schieder, S. 29ff.; vgl. auch Gerlach, S. 65ff.
[106] Vgl. Schieder, S. 35.

Die einschneidendste Zäsur in der ersten Phase des Jungen Deutschland in personeller Hinsicht ist bereits kurz nach der Gründung zu verzeichnen. Nach der Unterzeichnung der Verbrüderungsakte versuchten einige der Gründungsmitglieder durch zwei Proklamationen, Aufmerksamkeit in Deutschland zu erlangen. Die Flugschriften „Das neue Teutschland an die Unterdrückten Teutschlands" und „Das neue Teutschland an die teutschen Soldaten"[107] waren von den Gründungsmitgliedern August und Friedrich Breidenstein und Carl Theodor Barth unterschrieben, die zusammen mit Franz Strohmeyer und Georg Peters das erste Zentralkomitee des Jungen Deutschland in Bern gebildet hatten. Allerdings wurden die Proklamationen, noch bevor sie Deutschland erreichen konnten, von der Polizei beschlagnahmt.[108]

Die Unterzeichner der Proklamationen wurden aus dem Kanton Bern ausgewiesen. Barth begab sich nach Frankreich und kehrte erst 1835 in die Schweiz zurück, während August und Friedrich Breidenstein dauerhaft nach Amerika bzw. Frankreich gingen. Die Folge war die vorläufige Auflösung des Zentralausschusses. Kurz vor seiner endgültigen Abreise aus der Schweiz entschuldigte sich August Breidenstein bei Eduard Scriba, der den Klub des Jungen Deutschland in Lausanne gegründet hatte, daß er ihn „ins Unglück gestürzt" hatte,[109] denn die einsetzenden polizeilichen Ausweisungen brachten alle Mitglieder des im Aufbau begriffenen Vereins in Gefahr. Er empfahl ihm weiterhin: „halte dich vor allen politischen Händeln, wenn Du nicht genau weißt, was dahinter steckt."[110]

Ein neuer und nicht gewählter Ausschuß sorgte bis zum Anfang des Jahres 1835 dafür, daß sich das Junge Deutschland nicht völlig auflöste. Dieser Ausschuß setzte sich aus den Präsidenten der Klubs in Lausanne, Biel und Bern, Eduard Scriba, Ernst Schüler und Karl Soldan zusammen,[111] wobei die große Entfernung zwischen den einzelnen Mitgliedern auch Ausdruck dafür ist, daß es sich lediglich um ein Provisorium gehandelt hat. Gestört wurde die Bildung eines neuen handlungsfähigen Ausschusses vor allem durch ein Ereignis, das sich bereits im Juli zugetragen hatte. Als eine Nachfeier des Ham-

---

[107] Das erste Zentralkomitee nannte den Verein in den Proklamationen und in den ersten Statuten „Neues Deutschland".

[108] Vgl. Gerlach, S. 68.

[109] Brief [August] Breidensteins an Eduard Scriba; o. O., 9. Juni 1834, StA B, BB IX, 329, XIV, Nr. 4.

[110] Ebd.

[111] Vgl. Darlegung der Hauptresultate, S. 71; Roschi nennt außerdem Christian Scharpff als Mitglied des ersten und provisorischen Präsidenten des zweiten Zentralausschusses; vgl. Roschi, S. 24. Scharpffs Name stand zwar unter den Proklamationen, er ist aber wahrscheinlich nie in der Schweiz gewesen; vgl. Gerlach, S. 37.

bacher Festes sorgte das Steinhölzlifest bei Bern für erneute Aufregung bei den deutschen Regierungen und - dadurch bedingt - bei den schweizerischen Behörden. Den Organisatoren - Mitgliedern des Jungen Deutschland - gelang es, etwa 150 Handwerker zu mobilisieren, die mit den üblichen Ausdrucksformen bei politischen Festen ihre patriotische Gesinnung äußerten.[112] Während in einem Bericht des Berner Regierungsstatthalters festgehalten wurde, daß „nicht der mindeste Vorfall (...) die gute Ordnung sowie den Anstand"[113] störte, löste das Steinhölzlifest einen „Notenkrieg" zwischen der Schweiz und den ausländischen Mächten aus.[114] Der „Notenregen" stellte eine weitere Eskalation der sich bereits nach dem Savoyerzug abzeichnenden Auseinandersetzung über den Aufenthalt der politischen Flüchtlinge in der Schweiz dar. Der sich nun verstärkende diplomatische Druck des Auslands auf die Eidgenossenschaft, der vor allem durch den österreichischen und den preußischen Geschäftsträger in der Schweiz übermittelt wurde, resultierte aus der beim Steinhölzlifest sichtbar gewordenen Verbindung zwischen den Flüchtlingen und deutschen Handwerkern. Die Beunruhigung der deutschen Regierungen bei dem Gedanken an rückkehrende wandernde Handwerksgesellen, die in intensivem Kontakt mit revolutionär gesinnten deutschen Flüchtlingen gestanden haben, führte schließlich im Januar 1835 zum Wanderverbot für deutsche Handwerksgesellen in die Schweiz.[115]

Das Jahr 1835 war einerseits gekennzeichnet durch den verstärkten Aufbau, die Zentralisierung und die Ausbreitung des Jungen Deutschland, andererseits durch einen internen Richtungskampf mit einem Kreis von deutschen Flüchtlingen, der sich in Zürich befand. Die wichtigsten Mitglieder des Züricher Flüchtlingskreises waren Hermann von Rauschenplat, Karl Cratz und Gustav Ehrhardt, die die in Zürich befindlichen deutschen Handwerker in bewußter Ablehnung des Jungen Deutschland organisiert hatten. Die Züricher kritisierten vor allem die Abhängigkeit vom Jungen Europa bzw. von Mazzini[116] und

---

[112] Vgl. Schmidt, S. 73ff.

[113] Schreiben des Regierungsstatthalters von Bern an den Regierungsrat der Republik vom 29. Juli 1834; zit. n.: Schmidt, S. 75.

[114] Vgl. Luzius Lenherr, Ultimatum an die Schweiz. Der politische Druck Metternichs auf die Eidgenossenschaft infolge ihrer Asylpolitik in der Regeneration (1833-1836), Bern 1991, S. 214ff.; vgl. auch Schmidt, S. 78ff.

[115] Vgl. Bundesbeschluß über das Verbot der Wanderungen, der Versammlungen und Verbindungen der deutschen Handwerksgesellen vom 15. Januar 1835; abgedruckt bei: Huber, S. 136.

[116] Besonders Hermann von Rauschenplat, der die deutschen Teilnehmer des Savoyerzuges angeführt hatte und Mazzini für das Scheitern verantwortlich machte, stand danach jeglicher Aktion des Italieners feindlich gegenüber.

die geheimen Strukturen der Verbindung. Die Auseinandersetzung zeigte sich in einem verstärkten Briefwechsel der jungdeutschen Führung und der Flüchtlinge in Zürich, der die Bemühungen ausdrückt, die Züricher zu einem Beitritt zu bewegen. Der Vorschlag, in einer gemeinsamen Versammlung einen Kompromiß zu finden, wurde von den Züricher Flüchtlingen abgelehnt.[117] Daraufhin berief der im Dezember 1834 neugebildete Zentralausschuß, der aus Eduard Scriba, Karl Soldan und einem gewissen Groß in Lausanne bestand,[118] am 15. Januar eine Konferenz nach Faoug ein. Ergebnis der Konferenz war die Revidierung der vom ersten Zentralausschuß im April 1834 aufgestellten Statuten.[119] Die neuen Statuten waren vor allem durch eine Demokratisierung und eine gewisse nationale Abschließung gekennzeichnet[120] und wurden im April oder Mai 1835 offiziell angenommen.[121]

Auch durch den im August neu gewählten Zentralausschuß in Liestal, der durch Georg Fein, Georg Peters und Conrad Wolff gebildet wurde,[122] wurden die Bemühungen verstärkt, die Vereinsarbeit effektiver zu organisieren und den Verein auszubreiten. Zudem wurde die propagandistische Arbeit in den angeschlossenen Handwerkervereinen forciert.

Der Züricher Flüchtlingskreis hingegen konnte seine Stellung gegenüber dem Jungen Deutschland nicht behaupten. Im August 1835 gelang es den jungdeutschen Vereinsführern durch Emissäre, Teile der deutschen Handwerksgesellen in Zürich zu organisieren, während die Flüchtlingsgruppe um Karl Cratz durch den Weggang Rauschenplats einen integrierenden Faktor und sukzessive an Einfluß verlor.[123]

Der im Februar 1836 gewählte neue Zentralausschuß mit Sitz in Biel und bestehend aus Ernst Schüler, Jakob Mühlhäuser, Wilhelm Thölke und einem Setzer namens Dörnberg[124] versuchte vor allem, die Arbeit des Vereins durch Zentralisierung effizienter zu gestalten und neue Klubs zu gründen. Weiterhin wurde im Gegensatz zum vorherigen Zentralausschuß der Plan eines direkten Aufstandsversuches in Deutschland als ein Ziel der Verbindung explizit benannt. Nicht zuletzt konnte Schüler eine Propagandazeitung - das „Junge Deutschland" - initiieren, welche allerdings nur einmal erschien. Auf einer erneuten Konferenz in Grenchen sollte nun auch der Beitritt der Züricher be-

---

[117] Vgl. Kowalski, Vorgeschichte und Entstehung, S. 98.
[118] Vgl. Darlegung der Hauptresultate, S. 71.
[119] Vgl. Statuten des jungen Deutschlands, STA Z, P 187. 1 (2 C).
[120] Siehe Kap. 4.2.1, S. 40ff.
[121] Vgl. Kowalski, Vorgeschichte und Entstehung, S. 99.
[122] Vgl. Roschi, S. 25.
[123] Vgl. Schieder, S. 39f.
[124] Vgl. Roschi, S. 25.

raten und außerdem das Verhältnis zum Jungen Europa diskutiert werden. Zu dieser Zusammenkunft kam es allerdings nicht, da die Behörden vorzeitig in Kenntnis gesetzt wurden. Während mehrere Mitglieder, die sich auf dem Weg nach Grenchen befanden, festgenommen wurden, konnte Schüler die Versammlung kurzfristig nach Brugg verlegen, wo sie am 28. Mai stattfand. Da es sich bei den Verhafteten in erster Linie um Züricher handelte, konnte Schüler auf der Konferenz seine Position durchsetzen. Sowohl die nationale Autonomie als auch die bisherige Verbindung zum Jungen Europa wurden unterstrichen.[125] Außerdem erfuhren die Statuten eine weitere Demokratisierung und Vereinfachung.

Nachdem die Behörden von der Versammlung des Jungen Deutschland sowie von einem angeblich konkret geplanten Aufstandsversuch in Baden erfahren hatten, setzte eine großangelegte Verfolgungs- und Ausweisungsaktion gegen alle sich in der Schweiz aufhaltenden Flüchtlinge ein, die mit dem Jungen Deutschland irgendwie in Beziehung gebracht werden konnten. Die sogenannte „Flüchtlingshatz" beendete die erste Phase des Jungen Deutschland in der Schweiz endgültig im September 1836.[126]

Der kurze chronologische Überblick zeigt, daß die Geschichte des Jungen Deutschland von 1834 bis 1836 generell von einer kontinuierlichen Aufbauarbeit geprägt ist. Nach einer tiefen Zäsur kurz nach der Gründung, die das jähe Ende des ersten Führungskomitees bedeutete, konnte ein Neuaufbau der Organisation eingeleitet werden. Dieser Aufbau war gekennzeichnet durch eine stete Vergrößerung des Vereins und eine stete inhaltliche Diskussion, die in der Revision der Statuten deutlich wird. Weder kam es zu fundamentalen Veränderungen, noch konnte der Züricher Flüchtlingskreis die Entwicklung elementar behindern, so daß eine gewisse Kontinuität in der Aufbauphase des Jungen Deutschland als Ergebnis für die weiteren Untersuchungen festgehalten werden kann.

4.2 Der Aufbau der Organisation

In dem folgenden Untersuchungskomplex sollen die formalen Organisationsstrukturen, die Ausweitung des Jungen Deutschland, die Vernetzung der Vereine und die Aktionsformen genauer analysiert werden.

---

[125] Vgl. Schieder, S. 43.
[126] Siehe Kap. 4.2.5, S. 61f.

Die bisherigen Ausführungen haben deutlich gemacht, daß die Form der Organisation in der internen Diskussion der Vereinsmitglieder eine bedeutende Rolle gespielt hat. Die Untersuchung der Organisationsstrukturen kann daher auch Aufschluß geben, ob Form und Struktur der Organisation sich an bloßer Nützlichkeit orientierten oder vielmehr Ausdruck der politischen Überzeugung der Vereinsmitglieder waren. Außerdem können Erkenntnisse bezüglich der Handlungsfähigkeit gewonnen werden. Betrachtet man außerdem die bereits erwähnten Einflüsse, denen die deutschen politischen Flüchtlinge ausgesetzt waren, kann ein struktureller Einblick in die Vereinsorganisation Aufschluß über eine eigenständige Entwicklung des Jungen Deutschland geben.

4.2.1 Der innere Aufbau des Vereins

Der innere Aufbau und die Vereinshierarchie ergeben sich aus den statuarischen Bestimmungen. An der Spitze der nationalen Organisation stand ein gewählter Zentralausschuß, der aus einem Präsidenten, einem Sekretär, einem Kassier und zwei Beisitzern bestand.[127] Allerdings war dessen Amtszeit nicht begrenzt und sollte solange wirken, „als er seinen Pflichten genügt."[128] Die einzelnen Klubs der Verbindung wählten einen eigenen Präsidenten, wenn der Klub mehr als fünf Mitglieder hatte. Auch die Amtszeit der Klubpräsidenten war nicht beschränkt.[129] Der Kontakt zum Zentralausschuß wurde durch einen eigens dafür zuständigen Kommissär aufrechterhalten, konnte aber auch durch den Klub selbst aufgenommen werden. Die einzelnen Klubs mußten den Bestimmungen des Zentralausschusses Folge leisten.

Jedes Mitglied verpflichtete sich, die Geheimhaltung des Vereins einzuhalten. Weitere auffallende Bestimmungen waren die Todesstrafe bei Verrat und die Pflicht der Bewaffnung, die auf das anfangs ausschließliche Ziel des Jungen Deutschland, durch einen Aufstandsversuch eine Revolution in Deutschland auszulösen und schließlich gemeinsam mit den anderen nationalen Verbindungen eine „europäische Republik"[130] zu stiften, verweist.

Zwar wurden der Zentralausschuß und die Präsidenten der Klubs gewählt, doch kann diese Bestimmung allein noch nicht auf eine demokratische Struk-

---

[127] Vgl. § 1 des besonderen Theils der Statuten des neuen Deutschlands, Geheimes Staatsarchiv - Preußischer Kulturbesitz [im folgenden: GStA PK], I. HA Rep 77 Ministerium des Innern, Tit. 509, Nr. 31, adh., Vol. 2, fol. 131.
[128] § 4 des besonderen Theils der Statuten des neuen Deutschlands, fol. 131.
[129] Vgl. § 33 des besonderen Theils der Statuten des neuen Deutschlands, fol. 134.
[130] § 1 des allgemeinen Theils der Statuten des neuen Deutschlands, fol. 131.

tur hindeuten.[131] Die Wahl des Zentralausschusses war lediglich für den Fall einer Auflösung vorgesehen, der z. B. durch die Flucht der Ausschußmitglieder eintreten konnte.[132]

Allerdings fallen andere Bestimmungen auf, die Zeichen eines demokratischen Aufbaus sind. So sollten die „Namen der Mitglieder des Ausschusses (...) jedem Mitgliede des neuen Deutschlands bekannt"[133] sein. Diese interne Transparenz der Organisation, die sich auch darin ausdrückt, daß alle Geldgeschäfte und Korrespondenzen einsehbar waren,[134] ist ein Merkmal des Jungen Deutschland, welches beispielsweise zur gleichen Zeit im Bund der Geächteten vollkommen fehlte. In der Pariser Organisation wurden im Gegenteil nicht nur die Führungsmitglieder geheimgehalten, sondern die gesamte Führungsstruktur den übrigen Bundesmitgliedern verschwiegen.[135] In der Auflage, daß der Zentralausschuß nur an einem Ort seinen Sitz nehmen durfte, an dem sich ebenfalls ein Klub des Jungen Deutschland befand, ist eine weitere Kontrollfunktion zu sehen, die die demokratische Ausrichtung und Transparenz der Strukturen unterstreicht.[136]

Bezüglich der Verbindung mit dem Jungen Europa waren die ersten Statuten ganz im Sinne der Dachorganisation verfaßt. Die Verbrüderung mit den anderen nationalen Organisationen wurde herausgestellt, eine besondere Betonung der nationalen Eigenständigkeit ging nicht über die in der Verbrüderungsakte aufgestellten Bestimmungen hinaus. In den „Allgemeinen Instructionen für die Initiateurs", die gewissermaßen die Statuten des Jungen Europa darstellten, wurde alles „was die besondere Aufgabe und die Interessen der Nation betrifft"[137], der Verantwortung der einzelnen nationalen Verbindungen überlassen. Die Rechte und Pflichten, die aus der Erklärung der gemeinschaftli-

---

[131] Schieder gibt für die Wahl des Zentralausschusses in den Statuten des Neuen Deutschlands an, daß sie halbjährlich stattfanden und nach einem genauen Verfahren vollzogen worden (vgl. Schieder, S. 33). Diese Bestimmungen treffen aber erst für die revidierten Statuten zu. Schieder lag lediglich eine „Vergleichung der verschiedenen Statuten des ‚Jungen Deutschlands' aus dem Generallandesarchiv Karlsruhe vor, die diese für eine Analyse des Aufbaus wichtigen Unterschiede aber anscheinend nicht erwähnt; vgl. Schieder, Anm. 18, S. 32.

[132] Vgl. § 7 des besonderen Theils der Statuten des neuen Deutschlands, fol. 132.

[133] § 3 des besonderen Theils der Statuten des neuen Deutschlands, fol. 131.

[134] Vgl. § 12 des besonderen Theils der Statuten des neuen Deutschlands, fol. 132.

[135] Vgl. Schieder, S. 24ff.

[136] Vgl. §§ 6 und 7 des besonderen Theils der Statuten des neuen Deutschlands, fol. 132.

[137] § 22 der Instructionen für die Initiateurs, GStA PK, I. HA Rep. 77, Tit 509, Nr. 41, Vol. 1, fol. 5.

chen Prinzipien erwuchsen, wurden vom Zentralkomitee des Jungen Europa bestimmt.[138]

Der ereignisgeschichtliche Überblick hat bereits gezeigt, daß 1834 die weitere Entwicklung des Jungen Deutschland nicht nur durch eine Zäsur in personeller Hinsicht beeinflußt wurde und einen Neuaufbau notwendig machte, sondern daß es auch zu inhaltlichen Veränderungen kam, die sich in der Revidierung der Statuten auf der Konferenz von Faoug äußerten.

Die wichtigste Veränderung in den neuen Statuten betraf die Wahl des Zentralausschusses. Er wurde nun halbjährlich von der Gesamtheit der Mitglieder gewählt. Das Wahlverfahren des Zentralausschusses wurde detailliert festgelegt. Die Wahl erfolgte mit absoluter Stimmenmehrheit, wobei jeder Klub der Verbindung eine Stimme hatte.[139] Die Revidierung der Statuten führte also vor allem zu einer Demokratisierung.

Außerdem wurde neben der zeitlichen Begrenzung der Mandate eine genauere Regelung der Modalitäten für die Wahl des Zentralausschusses eingeführt. In den alten Statuten führte der örtliche Klub die Wahl durch, während nun der alte Ausschuß unter Kontrolle des örtlichen Klubs dafür verantwortlich war, um eine mögliche Begünstigung zu verhindern.[140] Falls der Zentralausschuß sich während seiner Amtsperiode auflösen sollte, hatte der örtliche Klub die Aufgabe, einen „interimistischen" Ausschuß einzusetzen.

Der Paragraph 35 der Statuten regelte, daß die Klubmitglieder „die rechtmäßigen Anordnungen ihrer Präsidenten zu befolgen"[141] haben. Diese Vorschrift macht zum einen die hierarchische Strukturierung des Vereins deutlich, zum anderen weist sie mit der näheren Bestimmung der „Rechtmäßigkeit" aber auch auf eine innere Rechtsprechung hin, die dem einzelnen Mitglied die Möglichkeit des Widerspruchs gab. Ein ausführlicher Vorschriftenkatalog legte die formale Vorgehensweise bei Beschwerden gegen einzelne Mitglieder, einzelne Klubs, den Zentralausschuß, gegen Zentralausschüsse anderer Nationalverbindungen oder gegen das Zentralkomitee des Jungen Europa fest.[142] Diese innere Gesetzgebung bestand in dieser Form bereits in den alten Statuten, allerdings ohne die rechtliche Überprüfbarkeit von Befehlen und Anordnungen des Zentralausschusses explizit miteinzubeziehen.

---

[138] Vgl. § 24 der Instructionen, fol. 5.
[139] Vgl. § 13 der Statuten des jungen Deutschlands, StA Z, P 187.1 (2 C).
[140] Vgl. Schieder, S. 33.
[141] § 15 der Statuten des jungen Deutschlands.
[142] Vgl. §§ 43-51 der Statuten des jungen Deutschlands.

Außerdem wurden die demokratischen Strukturen insofern gestärkt, daß möglichst alle Klubs bei Beratungen und Entscheidungen über militärische Vorhaben mitabstimmen sollten.[143]
Auch das Verhältnis zum Jungen Europa erfuhr in den erneuerten Statuten eine gewisse Veränderung. Die Verbindung zum Jungen Europa und den anderen nationalen Verbindungen war zwar immer noch zentraler Bestandteil der statuarischen Direktiven. Doch sind einige Abweichungen gegenüber den Statuten von 1834 auszumachen.

Während die alten Statuten eine „Republik Europa" verwirklichen wollten, wurden in den revidierten Statuten die „republikanischen Staaten Europa's"[144] beschworen. Die Umformulierung eines wesentlichen Bekenntnisses, das die Beziehung zum Jungen Europa bzw. die Übereinstimmung mit einer allgemeinen politischen Zielvorstellung ausdrücken sollte, kann auf ein verändertes Verhältnis zum Jungen Europa hinweisen.[145] Allerdings entsprach die neue Formulierung exakt den bisherigen Verlautbarungen des Jungen Europa.[146] Die Veränderung deutet auf eine präzisere Bestimmung der nationalen Autonomie hin und zwar in diesem Fall in Kongruenz mit den Vorstellungen des Jungen Europa.

Allerdings wurde das Junge Europa aus der Gerichtsbarkeit des nationalen Vereins ausgeschlossen. Während bislang bei Verletzung der nationalen Interessen durch den Zentralausschuß des Jungen Deutschland das Zentralkomitee des Jungen Europa entschied, war nun eine Kommission des Jungen Deutschland verantwortlich.[147] Diese Neuregelung verweist auf eine nationale Abschließung, die Ausdruck der Wahrung der nationalen Interessen ist. Die Verbindung zum Jungen Europa wurde zwar nicht in Frage gestellt, doch wurde der Einfluß des europäischen Zentralkomitees geschwächt, so daß auch in diesem Fall von einer neuen Bestimmung des Begriffs der „nationalen Autonomie" gesprochen werden kann.

Das Junge Deutschland stellt sich somit als ein hierarchisch organisierter geheimer Verein dar. Die Transparenz, das Wahlsystem und die innere Rechtsprechung machen deutlich, daß liberale und demokratische Grundsätze beim statuarischen Aufbau der Organisation verwirklicht werden sollten. Bei der Revidierung der Statuten werden weiterführende demokratisierende Tenden-

---

[143] Vgl. §§ 16 und 17 der Statuten des jungen Deutschlands.
[144] § 1 der Statuten des jungen Deutschlands.
[145] Vgl. Schieder, S. 34.
[146] Siehe Kap. 3, S. 30ff.
[147] Vgl. § 46 der Statuten des jungen Deutschlands.

zen deutlich. Durch die nationale Abschließung blieb die Organisationsstruktur bewußt in der alleinigen Hand des Jungen Deutschland.

Bei der Betrachtung der erneuerten Statuten wird außerdem deutlich, daß die Mitglieder eigene Vorstellungen von demokratischer Vereinsstruktur und von nationaler Autonomie hatten. Die formellen Vorgaben des Jungen Europa, die sich in den ersten Statuten niederschlugen, wurden nicht einfach übernommen, sondern den eigenen spezifischen Auffassungen angeglichen. Anlaß hierfür kann die interne Diskussion über den aristokratischen Führungsstil Mazzinis gewesen sein, durch die man die nationale Integrität gefährdet sah. Daher kann vor allem festgehalten werden, daß bei gleichzeitigem Bekenntnis zu einer europäischen Verbindung ein eigenes traditionelles und herkunftsspezifisches Demokratie- und Vereinsverständnis verwirklicht werden und durch die nationale Abschließung gewahrt bleiben sollte. Somit können die revidierten Statuten, die bis zum Ende der ersten Phase des Jungen Deutschland bestehen blieben, als erster Hinweis dafür dienen, daß die Mitglieder des Jungen Deutschland weiterhin gemäß ihrer Herkunft aus der radikaldemokratischen Bewegung handelten und der organisatorische Aufbau in diesem Sinne realisiert wurde. Des weiteren konnte herausgearbeitet werden, daß auf die Eigenständigkeit der Vereinsorganisation hingearbeitet wurde.

4.2.2 Ausweitung und Vernetzung des Vereins

Ausgehend von Bern, wo sich das erste Zentralkomitee des Jungen Deutschland gebildet hatte, dehnte sich der Verein zunächst auf die Städte aus, in denen sich die meisten Flüchtlinge niedergelassen hatten. Die ersten Klubs entstanden im Frühjahr 1834 in Biel, Zürich, Lausanne und St. Gallen.[148]

Daran läßt sich bereits ein wichtiges Strukturmerkmal des Jungen Deutschland ablesen, welches in dieser Form im Ausland nicht existiert hatte. Anders als in Frankreich, wo sich der Großteil der Flüchtlinge im revolutionären Zentrum Paris sammelte, waren die deutschen Flüchtlinge in der Schweiz zwangsläufig auf mehrere Städte verteilt. Da die Studenten die größte Gruppe unter den Flüchtlingen bildeten, erhielten die Universitätsstädte Zürich und Bern den beträchtlichsten Zustrom. Zudem konnten diese Universitäten aus dem Kreis der Flüchtlinge mehrere bedeutende Gelehrte verpflichten, die aber nicht unmittelbar mit der radikal-demokratischen Bewegung in Verbindung

---

[148] Vgl. Schieder, S. 35.

standen.[149] Die Studenten unter den Flüchtlingen fanden bei den liberalen deutschen Professoren häufig Unterstützung, die sich z. B. in der Ausstellung eines Führungszeugnisses zeigte, das für die Aufenthaltserlaubnis in dem jeweiligen Kanton große Bedeutung besaß. So beriefen sich die Flüchtlinge Adolf Barth und Wilhelm Christian Glück in ihrem Asylgesuch auf ein Zeugnis des Professors für Rechts- und Staatswissenschaften Johann Wilhelm Snell, welcher ihr ruhiges Betragen lobte. Die Nichtteilnahme am Savoyerzug sowie der schriftliche Nachweis eines „unklagbaren Benehmens" waren für die Polizeibehörde schließlich Grund, der Regierungsbehörde zu empfehlen, von dem ihr „zustehenden Asylrechte Gebrauch zu machen."[150]

Aus dieser Situation ergab sich auch, daß die Studenten, die an einer Universität ihr in Deutschland abgebrochenes Studium fortsetzten, bzw. die Akademiker, die eine Anstellung bekamen, in der jeweiligen Stadt für längere Zeit blieben. Die Mobilität der Flüchtlinge war also innerhalb der Schweiz eingeschränkt. Mit einer Ausweisung aus einem Kanton riskierte der Flüchtling seine gesamte Existenz.

Für die Schaffung einer Organisation der deutschen Flüchtlinge in der Schweiz ergab sich daher zunächst die Notwendigkeit einer Ausdehnung des Vereins und schließlich einer weitverzweigten und intensiven Vernetzung. Einerseits trug man damit der beschriebenen besonderen Exilsituation in der Schweiz Rechnung, andererseits hatte diese Situation aber auch eine besondere Qualität der Verbindung des Jungen Deutschland zur Folge.

Die notgedrungene Ausdehnung der Flüchtlinge über die ganze Schweiz wurde zur strukturellen Ausgangsbasis für eine Ausweitung des Vereins, die für die Protagonisten des Jungen Deutschland gleichbedeutend mit einer Verbreitung ihrer Ideen und einer personellen Vergrößerung der Verbindung war.

Die Ausweitung zunächst innerhalb der Schweiz, schließlich auch nach Frankreich und natürlich nach Deutschland, bildete eine Hauptaufgabe, die sich die verschiedenen Zentralkomitees stellten.

Als Bestimmung des Jungen Deutschland führte Eduard Scriba, Präsident des Vereins von Lausanne und nach der Auflösung des ersten Zentralkomitees auch Mitglied des provisorischen Führungskomitees bis August 1835, in einem Brief an Hermann von Rauschenplat an, daß das Ziel die „größtmögliche Ausbreitung unserer Grundsätze und Verbindung" ist. „Das Junge Deutschland soll seinen Prinzipien nach nicht bloß die in der Schweiz lebenden deut-

---

[149] Genannt seien u.a. Johann Lucas Schönlein und Lorenz Oken, die seit 1833 an der Universität Zürich lehrten; vgl. Urner, S. 101f.
[150] Brief der Polizey-Sektion des Justiz- und Polizey-Departements Bern; Bern, 6. Juni 1834, StA B, BB IX, 335 [Bestand ist unfoliiert].

schen Patrioten, sondern auch diejenigen zu vereinigen suchen, welche andernorts, namentlich in Deutschland selbst wohnen."[151]
Vorerst richteten die Führer des Jungen Deutschland ihre Aktivität auf die Ausweitung innerhalb der Schweiz. Nachdem die Ausweisung der Gründungsmitglieder die Entwicklung des Vereins gehemmt hatte, bestand die Arbeit des provisorischen Zentralkomitees in erster Linie in der Erhaltung der bisherigen Strukturen. Allerdings zählte der Verein im Dezember 1834 schon 50 Mitglieder.[152] Während in Bern ein zweiter Verein gegründet werden konnte, verursachte die Konkurrenztätigkeit des Flüchtlingskreises in Zürich, daß das Junge Deutschland dort keine Möglichkeit hatte, den gegründeten Klub weiterzuführen.

Das dritte Zentralkomitee konnte in der ersten Hälfte des Jahres 1835 die Aktivitäten wieder verstärken und die Zahl der Klubs auf 13 erhöhen. Neben den bereits erwähnten Klubs gab es Neugründungen in Liestal, Vivis und Luzern. In Genf bestanden im Juli 1835 zwei Vereine, und außerdem kam es zu Gründungen in Frankreich in Nancy und Lyon. Auch in Zürich gelang es im Juli, wieder Fuß zu fassen und einen Klub zu gründen, nachdem der Züricher Flüchtlingskreis durch den Weggang Rauschenplats aus der Schweiz geschwächt wurde. Die Mitgliederzahl stieg auf 172.[153] Georg Fein gründete außerdem zwischen April und August 1835 einen Klub in Straßburg.[154]

Das im August 1835 angetretene vierte Zentralkomitee legte zum Ende seiner Amtszeit im Dezember ebenfalls einen detaillierten Geschäftsbericht vor, in dem von insgesamt 20 Klubs in 15 Städten berichtet wurde. Zu den bereits erwähnten kamen Gründungen in Basel, Morsee, La Chaux de Fonds, Neuchâtel, Marseille und jeweils eine weitere in Zürich, Genf und Bern hinzu, während der Klub in Vivis mangels Mitgliedern wieder aufgelöst wurde. Außerdem wurde von Aktivitäten, neue Klubs zu gründen, aus Mühlhausen, Paris und Portalier berichtet.[155] Das Generalverzeichnis zählte im Januar 1836 252 Mitglieder.[156]

---

[151] Brief Scribas an Rauschenplat; o. O., 19.1.1835, StA Z, P 187.1 (2 C), Nr. 18.

[152] Vgl. Kowalski, Vorgeschichte und Entstehung, S. 101.

[153] Vgl. Generalbericht des abtretenden geschäftsführenden Ausschusses des jungen Deutschlands an sämtliche Mitglieder, GStA PK, I. HA Rep. 77, Tit. 509, Nr. 31, Vol. 2, fol. 80.

[154] Vgl. Brief Georg Feins an seine Mutter Friederike Fein; Paris, 3. 9. 1836, NStA WF, 211 N, Nr. 15, fol. 449.

[155] Vgl. Bericht über den Zustand des J. D. am Ende Dezember 1835, NStA WF, 211 N, Nr. 31, fol. 30ff.

[156] Vgl. Unser letztes Umschreiben im Januar 1836, NStA WF, 211 N, Nr. 31, fol. 38f.

Zu Beginn der Amtszeit des fünften Zentralausschusses forderte der neue Präsident Ernst Schüler in einem Kreisschreiben noch einmal die Mitglieder auf, „besonders an solche Orte sich zu begeben, wo noch keine Verzweigungen sich befinden z. B. St. Gallen, Frauenfeld, Winterthur, Graubündten, Schaffhausen."[157]

Einige Zeit später konnte der Züricher Verein melden, daß sich die dort befindlichen 36 Mitglieder mittlerweile in vier Klubs aufgeteilt hatten. Es gab zwar keine statuarische Richtlinie für die Mitgliederzahl, doch war die Bildung von mehreren Klubs an einem Ort, neben Zürich ebenso in Bern und Genf, Resultat der Teilung eines Vereins in Zweigvereine, nachdem die Mitgliederzahl zu groß geworden war. Das Junge Deutschland in Zürich führte in einem Schreiben an den Zentralausschuß als Grund für die Teilung an, daß „es uns gerathen erschien die Clubbs so wenig zahlreich als möglich zu versammeln."[158] In einem Formular hatten Kommissäre die Information auszufüllen, ob sich ein Verein, „um Aufsehen zu vermeiden"[159], in Sektionen geteilt hat. Demzufolge waren Sicherheitsgründe das Motiv für die Aufteilung, um nicht durch zu stark besuchte Versammlungen Aufmerksamkeit bei den Polizeibehörden zu erregen.

Die weite Verzweigung des Vereins mußte durch intensive und regelmäßige Kommunikation vernetzt werden. Neben der bereits angedeuteten Korrespondenz in Form von Geschäftsberichten sowie Kreisschreiben oder sonstigen offiziellen Schreiben des Zentralkomitees entstand auch ein reger privater Briefwechsel der einzelnen Mitglieder untereinander, die sich teilweise noch aus gemeinsamen Universitätsjahren und aus burschenschaftlichen Verbindungen in Deutschland kannten,[160] in dem außer freundschaftlichen Mittei-

---

[157] Erstes Kreisschreiben des neugewählten geschäftsführenden Ausschusses vom 20.2.1836, StA B, BB IX, 329, I, Nr. 1; Schieder nennt in Berufung auf Roschi außerdem Gründungen von Klubs in Winterthur, Wädenschwyl und Vevey. Dabei handelt es sich aber entweder um reine Handwerkervereine und nicht Zweigvereine des Jungen Deutschland oder um nicht verifizierbare Vermutungen des Regierungsstatthalters; vgl. Schieder, S. 41; Roschi, S. 80ff.
[158] Die vereinigten Clubbs des J. D. zu Zürich an den geschäftsführenden Ausschuß, StA B, BB IX, 329, I, Nr. 3.
[159] Formular derjenigen Punkte, über welche die am Schlusse jedes Monats von den Kommissären auszufertigenden Berichte Aufschluß zu geben haben, NStA WF, 211 N, Nr. 39, fol. 26.
[160] In einem Verhör konnte Eduard Scriba seinen Briefwechsel mit Ernst Schüler mit der alten Bekanntschaft von der Universität begründen. So gelang es ihm auch, die von ihm teilweise benutzten Tarnnamen mit dem studentischen Brauch der „Kneip-" oder „Biernamen" zu erklären; vgl. Verhörprotokoll mit Eduard Scriba vom Bezirksverwalteramt Arlesheim, 19.7.1836, StA BL, NA 2003, C. 2. 1., Nr. 37.

lungen auch vereinsinterne Punkte diskutiert wurden. Außerdem wurden neben diesen brieflichen Kontakten auch vom Zentralkomitee bestimmte Kommissäre eingesetzt, die nach den Statuten den Rang eines untergeordneten Beamten besaßen und für den Kontakt zwischen den verschiedenen Klubs und dem Zentralkomitee Sorge zu tragen hatten.[161] Eine weitere wichtige Funktion nahmen die deutschen Handwerker in der Schweiz ein, die durch ihre Mobilität gewissermaßen eine Botenrolle übernahmen.[162] Um über die Entwicklung der Klubs informiert zu sein, wiesen die Zentralkomitees die einzelnen Vereinspräsidenten an, Zustandsberichte zu verfassen. Zudem reiste Georg Fein in seiner Eigenschaft als Präsident zu mehreren Vereinen, um einen direkten Einblick zu gewinnen und um für seine Positionen zu werben.[163] Die ausführlichen Informationen, die die Zentralkomitees in ihren Geschäftsberichten über die verschiedenen Klubs zusammenfaßten, liefern einen Beweis über die ausgeprägte Vernetzung des Vereins.

Innerhalb von zwei Jahren konnte sich das Junge Deutschland in einer steten Entwicklung über die gesamte Schweiz ausbreiten und die Mitgliederzahl auf über 250 steigern. Der letzte Präsident Ernst Schüler wollte diese Ausweitung noch forcieren und vor allem systematischer betreiben. Allerdings ist aus dessen Kreisschreiben auch eine neue Richtung herauszulesen, die gerade den letzten Monaten der Existenz des Jungen Deutschland eine besondere Bedeutung verleiht. Während in den vorherigen Verlautbarungen der Vereinspräsidenten das Ziel ausgesprochen wurde, alle in der Schweiz lebenden deutschen Patrioten in das Junge Deutschland einzubinden, gab Schüler zu bedenken: „So sehr die Wirksamkeit des j. D. bedingt ist durch die Zahl seiner Söhne, so ist es doch gewiß, daß ein braver Kerl zwanzig, ja hundert schlechte aufwiegt."[164] Scheinbar stand für Schüler nicht mehr die personelle Stärke der Verbindung im Vordergrund, sondern die logistische Stärke der über die Schweiz und beginnend auch über Frankreich ausgebauten Vernetzung. Allgemein werden während der kurzen Zeit des fünften Zentralausschusses auch die Bemühungen sichtbar, die Kräfte des Vereins systematischer einzusetzen und zu zentralisieren. Schüler betonte, daß „nur eine geordnete, feste patriotische, und auch nur darum wirksame, innige Verbrüderung"[165] zum Erfolg führen kann.

---

[161] Vgl. §§ 24, 29 und 30 der Statuten des jungen Deutschlands, StA Z, P 187.1 (2 C).
[162] Siehe Kap. 4.2.4, S. 56f.
[163] Vgl. Brief Feins an Friederike Fein, NStA WF, 211 N, Nr. 15, fol. 450.
[164] Zweites Kreisschreiben des dermaligen geschäftsführenden Ausschusses zu Biel, StA B, BB IX, 329, I, Nr. 2.
[165] Ebd.

Die Vereinskorrespondenz sollte über drei zentrale Orte - Zürich, Lausanne und Bern - erfolgen. Die Beitragszahlungen sollten besser kontrolliert werden. Außerdem wurden die Mitglieder aufgefordert, Vorschläge für strukturelle Verbesserungen zu machen. Neben der bereits erwähnten systematischer verfolgten Gründung von neuen Klubs wurde auch die vermehrte Gründung von Handwerkervereinen angemahnt.[166]

Der durchaus richtigen Feststellung, daß es sich bei diesen Bemühungen um Zentralisierungsmaßnahmen handelt,[167] muß hinzugefügt werden, daß gleichzeitig den einzelnen Klubs auch mehr Eigenständigkeit zugebilligt wurde, um die Handlungsfähigkeit insgesamt zu erhöhen. Neugründungen konnten nicht mehr nur wie bisher von speziell benannten Kommissären gemacht werden, sondern von jedem Klub.[168]

Schüler hatte zu Beginn seiner Präsidentschaft einen Punkt erreicht, an dem Ausweitung und Vernetzung des Vereinssystems bereits einen relativ hohen Grad erreicht hatten. Auf der anderen Seite wurde von vielen Beteiligten die Amtszeit Georg Feins als ruhig und unbeweglich charakterisiert. Schüler sah daher seine Aufgabe darin, jeden „Stillstand" zu vermeiden, die bestehenden Aktivitäten noch zu verstärken, aber vor allem das Potential des Vereins praktischer zu nutzen und verstand seine Wahl daher auch als einen „Aufrufe zum kräftigen Handeln".[169]

Wenn Schüler versprach: „wir werden [uns] mehr durch die That, als durch feine Worte rechtfertigen"[170], kann das als Durchhalteparole für die unruhigen Exilanten verstanden werden, aber auch ein möglicher Hinweis für einen geplanten Einfall in Deutschland sein. Diese Frage führt aber eher in den Bereich der Organisationsziele, bzw. ob es in diesem Bereich einen Wandel zwischen der Amtszeit Schülers zu den vorigen gegeben hat. Für die Untersuchung der Ausweitung und der Vernetzung des Vereins reicht es festzuhalten, daß Schüler die vorhandenen Strukturen noch ausweiten wollte und daß diese Anstrengungen definitiv auf eine vergrößerte Schlagkräftigkeit der Organisation hinzielten.

---

[166] Vgl. Erstes Kreisschreiben, StA B, BB IX, 329, I, Nr. 1.

[167] Vgl. Schieder, S. 42.

[168] Vgl. Zweites Kreisschreiben, StA B, BB IX, 329, I, Nr. 2.

[169] Zweites Kreisschreiben, StA B, BB IX, 329, I, Nr. 2.

[170] Erstes Kreisschreiben, StA B, BB IX, 329, I, Nr. 1.

4.2.3 Die Handwerkervereine

Die ersten deutschen Handwerkervereine in der Schweiz wurden schon vor der Gründung des Jungen Deutschland organisiert. Im Herbst 1833 gründete Ernst Schüler einen Verein für Handwerker in Biel. Weitere Vereine entstanden im Frühjahr 1834 in Zürich durch Ernst Dieffenbach und Georg Fein und in Genf. Es handelte sich um Lesevereine.[171] Die Versammlungen dieser Vereine waren bereits politischer Natur. Sie arbeiteten aber nicht auf eine Koordination oder Vereinigung untereinander hin, sondern wirkten lokal begrenzt.[172]

Die Bildung des Jungen Deutschland hatte auf die Handwerkervereine zunächst keinerlei Auswirkung. Das erste Zentralkomitee beschränkte seine Verbreitung ausdrücklich auf die politischen Flüchtlinge in der Schweiz. Der Gedanke, die Handwerkervereine in die überregionale Ausbreitung des Jungen Deutschland miteinzubinden, kam erst, als Ernst Schüler Ende 1834 in den Verein eintrat.

Die danach einsetzende rasche Entwicklung der Handwerkervereine in der Schweiz galt bislang als Hinweis für eine frühe deutsche Arbeiterbewegung. Sollte dieser Zusammenhang zutreffend sein, müßte man ebenfalls von einer gewissen organisatorischen Eigenständigkeit der Handwerker ausgehen. Außerdem müßte die bisherige Darstellung einer Entwicklung des Jungen Deutschland, die von den emigrierten Intellektuellen bestimmt wird, ergänzt und korrigiert werden.

Wie sich die Verbindung zwischen dem Jungen Deutschland und den Handwerkervereinen gestaltete, ist also von entscheidender Bedeutung für die Ausgangsfrage, inwieweit das Junge Deutschland Merkmal der Entwicklung der demokratischen Bewegung ist oder organisatorischer Ausgangspunkt für die deutsche Arbeiterbewegung.

Nachdem ein großer Teil der organisationswilligen Flüchtlinge Anfang 1835 bereits in die Klubs des Jungen Deutschland eingebunden war, wurden die wichtigsten Adressaten der jungdeutschen Propaganda die durch die Schweiz wandernden deutschen Handwerker. Ernst Schüler, der Ende 1834 in das Junge Deutschland eintrat, machte den Handwerkerverein zu einem Bestandteil des Jungen Deutschland. Dabei hatte er genaue Vorstellungen über Zweck und Funktion: „Der deutsche patriotische Handwerker ist eine Propaganda zu Fuß, das Felleisen auf dem Rücken, ein paar Batzen in der Tasche, den Kno-

---

[171] Vgl. Brugger, S. 16.
[172] Vgl. Gerlach, S. 65f.

tenstock in der Hand, wandernd von Berlin nach Konstanz, von Wien nach Hamburg, verbreiteten sie in ihren Kreisen den Glauben an die Zukunft der Völkerfreiheit und die Überzeugung, daß gründliche Reformen nötig seien."[173]

Die Handwerker wurden als strategische Gruppe angesehen, die die Ziele des Jungen Deutschland nach ihrer Rückkehr in Deutschland verbreiten konnte. Zur Politisierung der Handwerker dienten die dem Jungen Deutschland angegliederten Handwerkervereine. In geselligen Lese- oder Gesangskreisen wurde den Handwerksgesellen patriotisches und republikanisches Gedankengut vermittelt. Dabei wurden eigens adäquate Schriften angefertigt. In diese Richtung ging die mit erklärenden Anmerkungen versehene Übersetzung der „Erklärung der Rechte des Menschen und Bürgers" von Eduard Scriba[174] und die 1836 erschienene Zeitung „Das Junge Deutschland", die „besonders für die Kränzchen und zur Vorbereitung für Handwerker"[175] vorgesehen war. Bei den Zusammenkünften der Handwerkervereine wirkte ein Bildungsideal auf beiden Seiten.[176] Die Handwerker besaßen ein Bildungsstreben, das mit einer teils bewußten, teils unbewußten Politisierung verbunden war. Auf der anderen Seite wollte man die Handwerker aber auch nicht nur als Propagandamittel ausnutzen. Die Annäherung der Intellektuellen und der Handwerker in den Lese- und Gesangsvereinen führte zu dem Versuch, sich auch des Pauperproblems anzunehmen und es mit dem eigenen politischen Programm zu lösen. Durch Bildung sollte die Moral gestärkt und dadurch die soziale Frage gelöst werden.

In den Orten, in denen 1834 bereits Handwerkervereine bestanden, bildete sich aus den Flüchtlingen, die sich in diesen Vereinen engagierten, ein Klub des Jungen Deutschland.[177] In jedem Ort, in dem in der folgenden Zeit ein Klub des Jungen Deutschland entstand, schufen die jungdeutschen Mitglieder ein Lesekränzchen, das dem geheimen Jungen Deutschland angegliedert war und durch dieses gelenkt wurde.

---

[173] Ernst Schüler, Die Regierung der Republik Bern und die Verfolgten der Könige. Als Verteidigung gegen eine Anklage auf „Hochverrat" vor den Gerichten und der öffentlichen Meinung. Ein Beitrag zur Geschichte Berns im Jahre 1836, Biel 1837, S. 17f.

[174] Grundlage der Konstitution des französischen Volkes vom Jahre 1793. Erklärung der Rechte des Menschen und Bürgers; abgedruckt bei: Joseph Schauberg, Aktenmässige Darstellung der über die Ermordung des Studenten Lessing aus Freienwalde in Preußen bei dem Kriminalgerichte des Kantons Zürich geführten Untersuchung und Beilagenheft, Zürich 1837, S. 163ff.

[175] Erstes Kreisschreiben, StA B, BB IX, 329, I, Nr. 1.

[176] Vgl. Hardtwig, Strukturmerkmale und Entwicklungtendenzen, S. 43.

[177] Vgl. Schieder, S. 35.

Im Geschäftsbericht über den Stand des Jungen Deutschland, den Georg Fein im Dezember 1835 vorlegte, werden neben den geheimen Klubs auch die Handwerkervereine beschrieben. Dabei wird die Beziehung zwischen beiden am Beispiel Bern exemplarisch dargestellt. In Bern wurden „von Mitgliedern des J. D. auf Privatzimmern wieder Kränzchen gehalten, in denen durch Vorlesen geeigneter Schriften, durch freie Vorträge und Gespräche die Grundsätze unserer Gesellschaft verbreitet und kräftige Mitglieder durch dieselbe herangebildet"[178] werden. Im übrigen waren nicht nur „alle Mitglieder der Klubs (...) auch Mitglieder (...) der Kränzchen"[179]. Die Jungdeutschen hatten auch die Führung der Handwerkervereine inne. In Morsee beispielsweise wohnten die Klubmitglieder „den Kränzchen jedes mal bei und leite[te]n sie".[180] Fein hebt rückblickend die besondere Bedeutung der Handwerkervereine hervor und erwähnt auch ausdrücklich ihre hierarchische Stellung: „Das J. D. wirkte hauptsächlich durch die untern Handwerker-Vereine, welche es leitete."[181] Die aufgeführten Berichte über die Handwerkervereine sind beispielhaft für die übrigen Städte, die in dem Geschäftsbericht erwähnt werden. Dabei kann festgehalten werden, daß die Handwerkervereine durch die Initiative des Jungen Deutschland entstanden waren und deren Entwicklung sowie die politische Ausbildung durch das Junge Deutschland bestimmt wurde.

Anfangs war sowohl die Führung der Handwerkervereine durch das Junge Deutschland als auch die Existenz der Emigrantenorganisation den Handwerkern unbekannt. So berichtet ein in Bern angekommener Handwerker: „Hier bestehen wirklich keine Versammlungen weil es sehr streng ist; seit 14 Tagen werden kleine Kränzchen abgehalten; d. h. in Privatzimmern, wo höchstens 5 bis 6 Personen sich einfinden; derjenige, der das Kränzchen leitet, muß für hinlängliche Unterhaltung sorgen."[182] Es wurde bereits dargestellt, daß Anfang 1835 in Bern mindestens ein Klub des Jungen Deutschland bestand. Daher zeigt der Brief, daß die Handwerker in die Lesekränzchen eingebunden wurden, aber von der verdeckten Leitung durch das Junge Deutschland keine Kenntnis hatten.

Inwieweit das politische Denken der Handwerker durch die Leitung der Lesekränzchen von jungdeutschen Mitgliedern geprägt wurde, zeigt ein Schrei-

---

[178] Bericht über den Zustand des J. D. am Ende Dezember 1835, NStA WF, 211 N, Nr. 31, fol. 31.

[179] Ebd.

[180] Bericht über den Zustand des J. D., NStA WF, 211 N, Nr. 31, fol. 36.

[181] Vorträge über neueste deutsche Geschichte von Georg Fein, NStA WF, 211 N, Nr. 81, fol. 18.

[182] Brief eines unbekannten Handwerkers an [Friedrich] Sabel in Zürich; Bern, 18.1.1835, StA Z, P 187.1 (2), Nr. 17 [Bestand ist unfoliiert].

ben des Handwerkervereins in Bern an die Züricher Handwerker. Es werden darin die Lehren der Freiheit und Gleichheit postuliert, die die Armut und das Leiden des Volkes aufheben sollen. Diese Prinzipien können nur durch die „beste Staatsverfassung (...) eine auf den Grundsätzen der Vernunft errichtete[n] Republik"[183] erreicht werden. Die Vorstellung, wie die soziale Frage politisch gelöst werden kann, entsprach somit der Programmatik des Jungen Deutschland.[184]

Daß neben der Politisierung der Handwerker die Lesekränzchen eine weitere Funktion besaßen, wird deutlich, wenn Ernst Schüler zur verstärkten Bildung von Handwerkergesangs- oder Lesevereinen aufrief, „damit sie eine Vorschule des j. D. werden."[185] In Basel wurde von Kränzchen berichtet, „worin einige tüchtige Mitglieder [waren], die man ohne Zweifel aufnehmen wird"[186]. Neben der verstärkten politischen Beeinflussung sollten die Handwerkervereine also auch der Rekrutierung dienen. Besonders begabte und politisierte Handwerker wurden von der jeweiligen Führung des Jungen Deutschland in den Klub miteingebunden. Die Führungsebene blieb aber in der Hand bürgerlicher Intellektueller. Eine Ausnahme stellt die Vereinsorganisation in Luzern dar.

Da sich im Kanton Luzern wenige politische Flüchtlinge befanden, wurde der Goldarbeiter Leopold Gündle mit der Gründung in Luzern beauftragt, um die dort arbeitenden deutschen Handwerker zu erfassen. Gündle war Präsident eines Handwerkerlesevereins, in die geheimen Strukturen des Jungen Deutschland integriert und hielt Korrespondenz mit dem Zentralkomitee. Anfangs existierte in Luzern lediglich ein Handwerkerleseverein, der nicht durch einen speziell im geheimen bestehenden Klub gelenkt wurde, sondern eine eigene gewählte Leitung besaß. Dieser Handwerkerverein konstituierte sich als „Klub Nr. IX" und ist somit als öffentliches Junges Deutschland anzuse-

---

[183] Schreiben der vereinigten deutschen Handwerker in Bern an die vereinigten deutschen Handwerker in Zürich im September 1834, GStA PK, I. HA Rep. 77, Tit. 500, Nr. 10, Vol. 1, fol. 183-185.

[184] Vgl. Kowalski, Vorgeschichte und Entstehung, S. 94; Kowalski meint allerdings auch, daß die besondere Bedeutung, die den Handwerkern in dem Schreiben beim politischen Kampf zugesprochen wird, auf einen entstehenden „selbstbewußten Optimismus des deutschen Arbeiters" (Kowalski, Vorgeschichte und Entstehung, S. 93) hindeutet. Doch auch dieser Punkt entspricht der Programmatik des Jungen Deutschland, das gerade auch wegen der personellen Stärke den Handwerkerstand miteinbezog.

[185] Erstes Kreisschreiben, STA B, BB IX, 329, I, Nr. 1.

[186] Bericht über den Zustand des J. D., NSTA WF, 211 N, Nr. 31, fol. 33.

hen.[187] Ein größeres patriotisches Fest am 6. Juli 1835 lenkte die Aufmerksamkeit der Behörden auf den Verein und führte schließlich zu seiner Auflösung.[188] Im folgenden beschloß die Führung des Handwerkervereins, „aus dem bestehenden Verein die Besten auszuziehen und einen engern zu bilden. (...) Der engere Verein sorgt für die Beschaffung von Schriften und dgl."[189] In der folgenden Zeit bestand dieser geheime Klub des Jungen Deutschland weiter und konnte wieder einen Leseverein für Handwerker organisieren, wobei diesmal vermieden wurde, ihm „ein höheres politisches Gepräge zu geben."[190] Im September 1835 zählte der Klub in Luzern 9 und im März 1836 bereits 20 Mitglieder. Außerdem gelang es, unbeobachtet durch die polizeilichen Behörden, weitere Handwerkervereine im Kanton Luzern zu initiieren.[191]

Neben der Präsidentschaft eines Handwerkers ist als Besonderheit bei diesem Verein festzuhalten, daß die Grenzen zwischen geheimem Klub des Jungen Deutschland und öffentlichem Handwerkerverein relativ fließend waren bzw. schwer greifbar sind.

Um den behördlichen Nachstellungen zu entgehen, verfuhr man nach der Art des Jungen Deutschland und bildete einen engeren geheimen Verein. Der engere Verein gab seine elitäre „Sonderexistenz" im September 1835 aber wieder auf, „weil alle Mitglieder schon dem ‚Jungen Deutschland' angehörten."[192] Da vom Bestehen des engeren Vereins im Dezember noch berichtet wird, kann es sich nicht um eine vollständige Auflösung gehandelt haben. Vielmehr wurden alle vorher im Leseverein organisierten Handwerker, die also auch Mitglieder des öffentlichen Jungen Deutschland waren, nun auch Mitglieder des geheimen Klubs. Die Organisatoren des Luzerner Vereins paßten also nur die Vereinsstrukturen den gegebenen Verhältnissen an. Da in Luzern fast ausschließlich Handwerker waren, konnte es keine klare Grenze zwischen elitärer intellektueller Führungsschicht und zu politisierenden Handwerkern wie in der übrigen Schweiz geben. Als später die Teilnehmerzahl des eher unpolitischen öffentlichen Lesevereins auf nahezu 100 stieg,[193] leitete also ein geheimer enger Handwerkerverein als Klub des Jungen Deutschland einen öffentlichen Handwerkerverein. Inwieweit die Aufnahmebedingungen dieses öffentlichen Vereins im Vergleich zu anderen Städten

---

[187] Vgl. Anton Müller, Jungdeutsche Elemente in Luzern, in: Zeitschrift für schweizerische Geschichte 29, 1949, S. 557-569, hier: S. 563.

[188] Vgl. Müller, S. 560ff.

[189] Monatsbericht an das Zentralkomitee vom 12. Juli 1835; zit. n.: Müller, S. 563.

[190] Bericht über den Zustand des J. D., NSTA WF, 211 N, Nr. 31, fol. 34.

[191] Vgl. Müller, S. 564.

[192] Vgl. Müller, S. 563.

[193] Vgl. Bericht über den Zustand des J. D., NSTA WF, 211 N, Nr. 31, fol. 34.

differierten, konnte nicht ermittelt werden. Der Anstieg der Mitgliederzahl des geheimen Klubs auf 20 entsprach in etwa der Entwicklung in anderen Vereinen.

Bezüglich der im Zusammenhang mit dem Jungen Deutschland vielfach unterstellten frühen Entwicklung der deutschen Arbeiterbewegung ist die Organisation in Luzern ebenfalls aufschlußreich. Die eigenständige Entwicklung des Luzerner Klubs unter der Leitung von Handwerkern führte nämlich keineswegs zu einer selbstbewußten Stellung der Arbeiter. Georg Fein plädierte kurz vor dem Ende seiner Amtszeit dafür, den Luzerner Verein für die Wahl zum neuen Zentralkomitee vorzuschlagen. Dieser aber fühlte sich für diese Aufgabe nicht befähigt, da der Klub in Luzern nur aus „lauter abhängigen Handwerkern"[194] bestehe und an der Spitze „ein Mann von Ruf, der auch in Teutschland gekannt ist"[195] stehen müsse.

Die nähere Untersuchung der Handwerkervereine führt zu zwei zentralen Ergebnissen. Zum einen kann der These widersprochen werden, daß die „Handwerkervereine in der Schweiz (...) von Anfang an selbständige Organisationen und keineswegs identisch mit dem Jungen Deutschland"[196] waren. Vielmehr konnte herausgearbeitet werden, daß die Handwerkervereine durch das geheime Junge Deutschland gegründet und verdeckt geleitet wurden und ihm angegliedert waren. Die Entwicklung der Handwerkervereine wurde dabei vom Jungen Deutschland entscheidend beeinflußt und kontrolliert. Die Lese- und Gesangsvereine dienten der Politisierung, um die Ideen der emigrierten Intelligenz zu verbreiten, wobei festgestellt wurde, daß die politische Programmatik des Jungen Deutschland übernommen worden ist. Zwar dienten die Handwerkervereine auch der Rekrutierung, es konnte aber nicht die Tendenz erkannt werden, daß Machtstrukturen an Handwerker abgegeben wurden. Auch die Feststellung, daß die Zahl der Handwerker schließlich die der Flüchtlinge übertraf,[197] ändert an diesem Ergebnis nichts, da die Emigranten die Leitung der Organisation besaßen und für ihre Ziele benutzten. „An eine Gleichberechtigung der Gesellen innerhalb der Bewegung war also nicht gedacht."[198] Wer in die Verbindung aufgenommen wurde, wie sich das politische Programm zusammensetzte oder wie es umgesetzt werden sollte, blieb im Entscheidungsbereich der elitären Führung der intellektuellen Emigranten. Wo die Handwerker mit in den Machtapparat aufgestiegen waren, formulier-

---

[194] Zit. n.: Müller, S. 565.
[195] Ebd.
[196] Obermann, S. 214.
[197] Vgl. Schieder, S. 126.
[198] Schraepler, Geheimbündelei und soziale Bewegung, S. 73.

ten sie keine eigenen Ziele, sondern übernahmen das politische Programm der Vereinsführer. Auch die Wahl von drei Handwerkern neben dem Präsidenten Ernst Schüler in das Zentralkomitee deutet nicht auf ein „Handwerkerkomitee"[199] hin, da im Kreisschreiben das Zentralkomitee den Handwerkervereinen lediglich die Funktion einer „Vorschule" zuwies. Nach wie vor waren die Handwerkervereine „nur Mittel um in Deutschland unsre Grundsätze und Verbindung zu verbreiten."[200]

Ein zweites Ergebnis kann hinsichtlich der Organisationsform des Jungen Deutschland herausgearbeitet werden. Die Beziehung zwischen den Klubs des Jungen Deutschland und den Handwerkervereinen stellt sich als eine hierarchische Aufteilung in einen „engeren" und einen „weiteren" Verein dar. Im Spektrum der Auslandsvereine ist diese Organisationsform auffallend. Weder das Junge Europa noch eine andere nationale Verbindung kommt als Vorbild in Frage. Auffällig ist allerdings die Kongruenz mit der bereits dargestellten Organisationsform der germanischen Burschenschaften.[201] Es kann also von einer Übernahme bekannter Organisationsformen durch die Mitglieder des Jungen Deutschland, die in ihrer Mehrzahl ehemalige Burschenschafter waren, ausgegangen werden. Unterstützt wird dieses Ergebnis auch durch die identische Bezeichnung der Vereine. Da die Burschenschafter erwiesenermaßen eine relevante Gruppe der radikalen Opposition waren, trägt dieses Ergebnis auch dazu bei, das Junge Deutschland als Merkmal der Entwicklung der radikal-demokratischen Bewegung zu bestimmen, bzw. die frühdemokratische Bewegung als Träger des Jungen Deutschland auszuweisen.

4.2.4 Aktionsformen

Bei der Wahl der Aktionsformen orientierten sich die Mitglieder des Jungen Deutschland in erster Linie an ihrem strategischen Nutzen für die politische Propaganda in Deutschland und unter den deutschen Handwerkern in der Schweiz. Besondere Beachtung verdienen dabei Flugblätter und andere programmatische Schriften.

Die ersten beiden Flugblätter des Jungen Deutschland waren für die direkte Propaganda und Mobilisierung der deutschen Bevölkerung bestimmt. Die Flugschrift „Das neue Teutschland an die Unterdrückten Teutschlands" war von August und Friedrich Breidenstein und „Das neue Teutschland an die

---

[199] Kowalski, Vorgeschichte und Entstehung, S. 105.
[200] Brief Scribas an Rauschenplat; o.O., 19.1.1835, StA Z, P 187.1 (2 C), Nr. 18.
[201] Siehe Kap. 2.1, S. 16ff.

teutschen Soldaten" von Carl Theodor Barth verfaßt worden. Nach den Angaben Breidensteins beim polizeilichen Verhör wurden je 2000 Exemplare beim Buchdrucker Jenni in Bern gedruckt.[202] Die Flugschriften wurden von der schweizerischen Polizei beschlagnahmt, bevor sie Deutschland erreichen konnten.[203]

Die nach der Ausweisung des ersten Zentralkomitees entstehende organisatorische Verbindung zwischen Handwerkern und Flüchtlingen führte zu einer neuen Qualität der Propagandatätigkeit. Flugschriften und andere schriftliche Erzeugnisse politischen Inhalts wurden von den Handwerkern über die Grenze nach Deutschland gebracht. Georg Fein schildert den Einfallsreichtum der Handwerker bei den Grenzkontrollen, wobei Bücherseiten oder Flugschriften „im Hutfutter, in den Kravatten bis auf den bloßen Leib"[204] versteckt worden sind.

Im Jahre 1836 entstand die Flugschrift „Brief aus den Freistaaten von Nordamerika", in dem gezielt die ländlichen Schichten angesprochen wurden. Die Flugschrift ist ein fingierter Brief eines deutschen Emigranten in Amerika, der die Bauern auffordert: „Viele (...) Männer arbeiten im Stillen an der Landesbefreiung. Vereinigt euch mit Ihnen treu und entschlossen."[205] Ernst Schüler gab den Druck für 4000 Exemplare in Auftrag, die in Württemberg, Baden und Hessen per Post verbreitet wurden.[206] Im Jahre 1836 konnte Ernst Schüler durch Kooperation mit der Jungen Schweiz eine Druckerei in Biel erwerben und die Zeitung das „Junge Deutschland" realisieren, die allerdings nur einmal in einer Auflage von 2000 Exemplaren erschien.[207] Die Zeitung sollte in erster Linie zur Politisierung der Handwerker beitragen.

Zu den Aktionsformen zählte ebenfalls das politische Fest. Der Vormärz ist geprägt durch diese Form der politischen Versammlung. Als Medium der politischen Aussage, des Meinungsaustausches und der Öffentlichkeit avancierte das Volksfest im Vormärz zum politischen Instrument des liberalen Bürger-

---

[202] Vgl. Protokolle der Verhöre von August Friedrich Breidenstein und Carl Theodor Barth, 18. Juni 1834, StA B, BB IX, 335.

[203] Vgl. Gerlach, S. 68.

[204] Vorträge über neueste deutsche Geschichte von Georg Fein, NStA WF, 211 N, Nr. 81, fol. 18.

[205] Brief aus den Freistaaten von Nordamerika, geschrieben von Adam Frank, gebürtig aus Fränkisch-Krumbach im Odenwald an seinen Vater Johann Frank, seine Brüder Johann, Philipp und Peter Frank und seine Verwandte, Freunde und andere brave Leute; St. Louis im Missouri-Staate am 10. April 1836, StA Z, P 187.1 (2 C).

[206] Vgl. Ilse, S. 378.

[207] Vgl. Kowalski, Vorgeschichte und Entstehung, S. 111.

tums.[208] In der Schweiz erregte das Steinhölzlifest bei Zürich das größte Aufsehen. Etwa 150 Handwerker nahmen an dem von Mitgliedern des Jungen Deutschland organisierten Fest teil. Symbolisch wurden während des Festverlaufes die Wappen der Einzelstaaten mit der schwarz-rot-goldenen Fahne vertauscht. Das Steinhölzlifest, das am 27. Juli 1834 stattfand und eine Nachfeier des Hambacher Festes sein sollte, sollte „das Band der Freundschaft und allgemeiner Vaterlands- und Freiheitsliebe (...) knüpfen."[209] Das Absingen patriotischer Lieder gehörte ebenfalls zum Repertoire politischer Feste. Der relativ ruhige Verlauf und die unverhältnismäßigen Folgen des Festes sind bereits beschrieben worden.[210]

Ein unbekannter Handwerker berichtete Anfang des Jahres 1835 von einem Nachtessen beim Steinhölzli, das in der Neujahrsnacht stattgefunden hat, bei dem sich 30 Leute zusammengefunden haben sollen. Da dieser Handwerker neu in der Stadt angekommen war, auf dem Fest mit mehreren Flüchtlingen gesprochen und einige Tage später an einem Lesekränzchen teilgenommen hat, ist davon auszugehen, daß das Fest von den Emigranten auch zur Kommunikation mit neuen Handwerkern genutzt wurde, um sie schließlich auch für die Handwerkervereine zu rekrutieren.[211]

Auf Nachfeiern zur Erinnerung an das Hambacher Fest wird in der folgenden Zeit noch mehrmals hingewiesen. Hermann Eichborn, Begründer des Jungen Deutschland in Mühlhausen, schrieb in einem Bericht über den Zustand seines Klubs, daß am 28. Mai das Hambacher Fest nachgefeiert wurde und 24 Personen teilnahmen. Dabei wurden unter anderem Hambacher Reden vorgelesen.[212] Schließlich schildert Georg Fein mehrere Feste, die in Luzern veranstaltet wurden. Bei einer Feier am 2. Weihnachtsfeiertag 1835, bei der unter anderem die Proklamationen des ersten Zentralkomitees vorgetragen wurden, wird die mobilisierende Wirkung des Festes deutlich, da „viele, die bisher von der Sache nichts wissen wollten, und nur aus Langeweile dieser Versammlung beiwohnten, weil in der ganzen Stadt keine andere zu finden war, (...) plötzlich bekehrt"[213] wurden.

---

[208] Vgl. Dieter Düding, Einleitung. Politische Öffentlichkeit - politisches Fest - politische Kultur, in: Ders. (Hrsg.), Öffentliche Festkultur. Politische Feste in Deutschland von der Aufklärung bis zum 1. Weltkrieg, Reinbek bei Hamburg 1988, S. 10-24, hier: S. 14.

[209] Schmidt, S. 74.

[210] Siehe Kap. 4.1, S. 36f.

[211] Vgl. Brief eines unbekannten Handwerkers an [Friedrich] Sabel in Zürich; Bern, 18.1.1835, StA Z, P 187.1 (2), Nr. 17.

[212] Vgl. Abschrift eines Briefes von [Hermann] Eichborn; Mühlhausen, 9. Juni 1836, StA B, B I, 418, fol. 243ff.

[213] Bericht über den Zustand, NStA WF, 211 N, Nr. 31, fol. 35.

Neben politischen Reden und Liedern[214] bildeten außerdem Geldsammlungen für solidarische Zwecke unter den Festteilnehmern ein wichtiges Merkmal des Festes.

Betrachtet man die Aktionsformen des Jungen Deutschland, so scheinen sie den üblichen Aktionsformen des Vormärz zu entsprechen. Ergänzt werden muß die Mitwirkung von Handwerkern, die Mitglieder des Jungen Deutschland waren, an einem Solidaritätsstreik in Genf.[215] Neben der Verwendung bekannter Aktionsformen erscheint vor allem der Rekurs auf das symbolträchtige Hambacher Fest als ein Indiz dafür, daß die Mitglieder des Jungen Deutschland nicht nur ihre Wurzeln in der radikaldemokratischen Bewegung hatten, sondern daß der Verein der Emigranten Ausdruck einer konstanten Entwicklung dieser Bewegung ist.

4.2.5 Ausweitung nach Deutschland

Die Einwirkung auf die Verhältnisse in Deutschland stellte selbstverständlich eines der Hauptziele der Verbindung dar. Als Propagandainstrument sollten die Handwerker die Ideen der Verbindung in Deutschland verbreiten und möglicherweise Zweigvereine gründen, „jedoch ohne irgend eine andere Gestaltung, als freundschaftliche Vereine."[216] Einige Meldungen vom Aufenthalt jungdeutscher Mitglieder in mehreren Regionen Deutschlands erreichten das Zentralkomitee. Nach dem Generalbericht befanden sich im Juni 1835 25 Mitglieder des Jungen Deutschland in Deutschland.[217] So wurde von der Aktivität eines Handwerkers in Norddeutschland berichtet.[218] Außerdem wurde der Schriftsetzer Witte verhaftet, nachdem er angeblich für das Junge Deutschland in Berlin geworben hatte.[219] Jedoch führten die Bemühungen weder zu neuen Vereinsgründungen noch zu sonstigem bedeutenden Engagement jungdeutscher Mitglieder in Deutschland, während der Bund der Geächteten mehrere Sektionen zu gründen vermochte.[220]

---

[214] Vgl. Schieder, S. 142ff.

[215] Vgl. Müller, S. 564.

[216] Erstes Kreisschreiben, StA B, BB IX, 329, I, Nr. 1.

[217] Vgl. Generalbericht des abtretenden geschäftsführenden Ausschusses, GStA PK, I. HA Rep. 77, Tit. 509, Nr. 31, Bd. 2, fol. 80.

[218] Vgl. Zweites Kreisschreiben, STA B, BB IX, 329, I, Nr. 2.

[219] Vgl. Brief der Ministerial-Commission; Berlin, 31.5.1838, GStA PK, I. HA Rep. 77, Tit. 509, Nr. 41, Bd. 2, fol. 24ff.; vgl. auch Kowalski, Vorgeschichte und Entstehung, S. 109.

[220] Vgl. Schieder, S. 27f.

Diese Mißerfolge bei der erhofften Etablierung in Deutschland führten bei den Flüchtlingen in der Schweiz zu einem verstärkten Gefühl, daß der anfängliche Fortschritt zu stagnieren begann und nur eine direkte Aktion aus der Schweiz eine Erhebung in Deutschland hervorrufen könnte.

Die Erfahrungen der kontraproduktiven Aktionen des Frankfurter Wachensturms und des Savoyerzuges hatten die Flüchtlinge nicht in ihrer Meinung beirrt, daß ein Aufstand in Deutschland möglich ist. Man war sich auch sicher, daß er vom Ausland gesteuert werden mußte, da sich hier die radikalen Kräfte befanden. Bei der internen Vereinsdiskussion über ausschließliche Propagandatätigkeit oder direkte Insurrektion werden also auch die Prinzipien des Vereins berührt.

Ein großer Teil der Mitglieder verstand die Aufgabe des Jungen Deutschland vor allem in der Propaganda und der damit verbundenen sukzessiven Ausdehnung nach Deutschland. Erst dann könne ein Aufstand geplant werden. Eduard Scriba hielt die Möglichkeit, aus der Schweiz „durch einen Einfall nach Deutschland je eine Revolution in Deutschland zu bewirken"[221], für utopisch. Die gleiche Ansicht vertrat Georg Fein.[222]

Demgegenüber stand vor allem der Züricher Flüchtlingskreis um Hermann von Rauschenplat. Rauschenplat, der 1835 in Spanien am Kampf gegen die Karlisten teilnahm,[223] kritisierte am Jungen Deutschland in erster Linie die seiner Ansicht nach zwecklosen formalen Diskussionen und schrieb an die Züricher, daß „das eigentliche radikale Mittel aber (...) ein Zug nach Deutschland sein"[224] würde. Während diese formalen Diskussionen einen erheblichen Bestandteil des Vereinslebens darstellten, erscheint die Auseinandersetzung mit den Zürichern über den Zweck des Jungen Deutschland als der eigentliche Gegensatz, der in der Frage, ob man eine längere Vereinstätigkeit oder einen direkten militärischen Schlag für zweckmäßig hielt, die beiden Gruppen polarisierte. Mit der Präsidentschaft Schülers kam es zu einer Annäherung beider Gruppen. Ausschlaggebend war dabei zum einen der plötzliche Zuspruch Rauschenplats.[225] Zum anderen sahen sich die Züricher einer immer stärker werdenden Entwicklung des Jungen Deutschland gegenüber, während

---

[221] Abschrift eines Briefes des Ausschusses von Lausanne „An die Klubs in Zürich"; Lausanne, 19.6.1835, NStA WF, 211 N, Nr. 39, fol. 38.

[222] Vgl. Brief Feins an Friederike Fein, NStA WF, 211 N, Nr. 15, fol. 449.

[223] Vgl. Alfred Stern, Geschichte Europas von 1830 bis 1848, Bd. 2, Stuttgart ²1924, S. 315.

[224] Brief Rauschenplats an Karl Cratz; Paris, 27.5.18[35], StA Z, P 187.1 (2), Nr. 44.

[225] Rauschenplat unterschrieb die Einladung des Jungen Deutschland für eine gemeinsame Konferenz; vgl. Geschäftsführender Ausschuß des J. D. an die Clubbs des J. D.; o.O., 6.5.1836, StA B, BB IX, 329, I, Nr. 5.

60

der eigene Einfluß auf die Handwerker schwand. Da die überlegenere Stellung des Jungen Deutschland vor allem aus der weitverzweigten Vernetzung des Vereins resultierte, die eine große Zahl von Flüchtlingen und Handwerkern in die Organisation einzubinden vermochte, mußten die Züricher letztendlich wegen der von ihnen kritisierten Punkte kapitulieren.

Ernst Schüler versuchte, die Erwartungen an einen baldigen Einfall zu mindern, als er in einem Kreisschreiben die Mitglieder gleichsam zum Durchhalten ermunterte: „Es ist kein Ruhm, vom Augenblick hingerissen, für den Augenblick zu handeln. Achtung aber verdient, wer jahrelang ringt und kämpft, selbst nach Niederlagen nicht verzagt."[226] Allerdings hatten sich auch die Meinungen innerhalb des Jungen Deutschland nach zweijähriger Vereinszeit im Exil geändert, wie die Antwort des Jungen Deutschland in Zürich auf das zweite Kreisschreiben beweist: „Wir müssen handeln und was geschehen soll muß bald geschehen. Theorien und Ideale können uns erheben, dem Vaterlande nützt nur die That."[227]

Inwieweit es wirklich konkrete Pläne innerhalb der Vereinsführung für einen Einfall in Deutschland gab, läßt sich nicht belegen.[228] Sicher ist, daß das Junge Deutschland einen Emissär nach Konstanz geschickt hat. In Konstanz und in Schaffhausen sollten Klubs gegründet werden, um eine strategische Ausgangsposition für Filialgründungen im Schwarzwald zu schaffen.[229] In einer Versammlung der Züricher in Wollishofen soll der Flüchtling Baron von Eyb den Vorschlag zu einem militärischen Einfall in Deutschland gemacht haben, der aber abgelehnt wurde.[230] Fein hingegen erwähnt, daß bei der „behorchten" Versammlung Rauschenplat, Eyb und ein Großteil der anwesenden Handwerker für diesen Vorschlag gestimmt haben.[231]

Die darauf folgenden Verhaftungen in Zürich waren der Beginn der „Flüchtlingshatz". Die Kantonsregierungen der Schweiz erfuhren durch ein Kreisschreiben, daß in den Vereinen „die Frage eines gewaltsamen Einfalles in das benachbarte Großherzogthum Baden kürzlich angeregt worden zu seyn

[226] Erstes Kreisschreiben, StA B, BB IX, 329, I, Nr. 1.
[227] Die vereinigten Clubbs des J. D. zu Zürich an den geschäftsführenden Ausschuß; o.O., o. D., StA B, BB IX, 329, I, Nr. 3.
[228] Vgl. Schieder, S. 165f.
[229] Vgl. Beglaubigungsschreiben Schülers für den Emissär Ehrenfest [d.i. Franz Daniel Hax; vgl. Verzeichnis der aus der Schweiz, S. 21; Kowalski, Vorgeschichte und Entstehung, S. 122]; o.O., 4.5.1836, StA B, BB IX, 329, I, Nr. 4.
[230] Vgl. Schmidt, S. 124f.
[231] Fein beruft sich auf genaue Schilderungen anwesender Handwerker; vgl. Brief Feins an Friederike Fein; Paris, 3.9.1836, NStA WF, 211 N, Nr. 15, fol. 456.

scheint."[232] Der Druck der ausländischen Mächte auf die Schweiz, die nachbarschaftlichen Beziehungen nicht zu gefährden, nahm für die Eidgenossenschaft bedrohliche Ausmaße an. Trotz mehrerer Gegenstimmen liberaler Kantone, nicht die eigene Souveränität aufzugeben,[233] beschloß die eidgenössische Tagsatzung die Ausweisung aller Mitglieder des Jungen Deutschland.[234]

4.2.6 Europäische Ausweitung

Neben der Errichtung des Vereinsnetzes in der Schweiz zählte die Ausweitung in andere europäische Länder zu den Aufgaben, die sich die Führer des Jungen Deutschland gestellt hatten. Zum einen sollten neue Klubs gegründet, zum anderen aber auch Kontakt zu anderen revolutionären Verbindungen gesucht werden, um „alle einzelnen Verbindungen in eine ganze große, in die des J. D. zu verschmelzen."[235]

Erste Gründungen des Jungen Deutschland außerhalb der Schweiz kamen in Straßburg und Marseille zustande. Während der ersten Phase bis August 1836 blieben diese Gründungen allerdings die einzigen.

Bei der Durchsicht der umfangreichen Korrespondenzen der Vereinsmitglieder fiel vor allem auf, daß sich kein intensiverer Kontakt zu anderen nationalen Verbindungen des Jungen Europa auf Vereinsebene ergeben hatte. Zwar gab es einen engeren Briefkontakt zwischen Georg Fein und dem Polen Karol Stolzmann, doch ergab sich daraus keine offizielle Verbindung mit dem Jungen Polen, dem Stolzmann angehört hatte.

Georg Fein hatte während seiner Amtszeit engeren Briefkontakt mit deutschen Flüchtlingen in Paris, wobei ein formaler Zusammenschluß mit dem Pariser Bund der Geächteten wenigstens erörtert wurde. Im Januar 1836 setzte sich Fein in einem Brief mit dem Schriftsetzer Gummen über diese Thematik aus-

---

[232] Kreisschreiben an sämmtliche eidgenössische Stände; Bern, 22. Brachmonat 1836, Staatsarchiv des Kantons Luzern [im folgenden: StA L], Nr. 24/52 A [Bestand ist unfoliiert].

[233] Vgl. [Gallus Jacob Baumgartner], Gutachten der Minderheit der Tagsatzungskommission über die Angelegenheit der Flüchtlinge, Bern 1836, S 9f.

[234] Vgl. Tagsatzungsbeschluß wie derselbe am 11. August theils mit theils ohne Ratifikationsvorbehalt durch eine Mehrheit von eidgenössischen Ständen angenommen worden ist, StA L, Nr. 24/52 A; worin u.a. beschlossen wurde die Flüchtlinge auszuweisen, „welche die ihnen von den Ständen zugestandene Zuflucht gemißbraucht und die innere Sicherheit und Ruhe oder die Neutralität der Schweiz und ihre völkerrechtlichen Verhältnisse (...) gefährdet zu haben."

[235] Bericht über den Zustand, NStA WF, 211 N, Nr. 31, fol. 35.

einander. Gummen war Mitglied des Bundes der Geächteten und vor allem deshalb bedeutsam, da er später an der Spaltung des Bundes der Geächteten beteiligt war,[236] die die Gründung des Bundes der Gerechten zur Folge hatte. Fein kam in dem Brief zu dem Ergebnis, daß eine Verschmelzung beider Organisationen wohl nicht durchführbar wäre, da sich die Vereine mit den Mängeln, die sie der jeweils anderen Organisation vorwarfen, nicht arrangieren könnten.[237] Machbar erschien ihm hingegen „die Entwerfung völlig neuer Statuten, die möglichst wenige und einfache Bestimmungen enthielten."[238]

Während sich die politischen Auffassungen der beiden Organisationen ähnelten, war die Diskrepanz bezüglich des Aufbaus einer Emigrantenorganisation zu groß, um den Plan eines Zusammenschlusses zu verwirklichen, wie Fein in dem Brief schließlich selbst zugeben mußte. Allerdings nahm auch Ernst Schüler die Aufforderung seines Vorgängers auf, „Unterhandlungen mit dem Pariser Handwerkerverein anzuknüpfen."[239] Weiter führte Schüler aus: „Wir werden mit allen nur möglichen Mitteln dahin streben, dieses so erfolgreiche Unternehmen zu Stande zu bringen, und zweifeln nicht an einem Erfolg."[240]

Diese Bemühungen wurden durch die bekannten Ausweisungen der deutschen Flüchtlinge in der Schweiz und das vorläufige Ende des Jungen Deutschland zum Erliegen gebracht. Allerdings implizierte die Ausweisung der Mitglieder des Jungen Deutschland zunächst auch eine neue Ausweitung. Die deutschen Flüchtlinge, die im August und September 1836 aus der Schweiz flüchteten, kamen zuerst nach Paris. Für die weitere Darstellung scheint ein kurzer Exkurs über die Pariser Entwicklung sinnvoll.

In Paris vollzog sich zu dieser Zeit die Spaltung des streng-hierarchisch gegliederten Bundes der Geächteten. Während mehrfach behauptet wurde, die Spaltung beruhte in erster Linie auf dem „klassenmäßigen und ideologischen Gegensatz zwischen den proletarisierten Handwerksgesellen und den kleinbürgerlichen Demokraten"[241], konnte dieser These bereits entgegnet werden, daß es keine ideologischen Unterschiede zwischen dem Bund der Geächteten und dem aus der Spaltung hervorgegangenen Bund der Gerechten gegeben hat und somit der Ursprung der Differenzen an anderer Stelle zu suchen ist.[242] Vielmehr scheint die Kritik an den nahezu absolutistischen Vereinsstrukturen

---

[236] Siehe weiter unten in diesem Kapitel, S. 63f.; vgl. Schieder, S. 48.

[237] Vgl. Eigenhändiger Auszug des Briefs Georg Feins an Gummen, Januar 1836, NStA WF, Nr. 39, fol. 4.

[238] Brief Feins an Gummen, NStA WF, Nr. 39, fol. 4.

[239] Zweites Kreisschreiben, StA B, BB IX, 329, I, Nr. 2.

[240] Ebd.

[241] Kowalski, Vorgeschichte und Entstehung, S. 146; vgl. auch Obermann, S. 231.

[242] Vgl. Schieder, S. 45f.

des Bundes der Geächteten zum Austritt eines Großteils der Mitglieder geführt zu haben.[243] Vor allem im Zusammenhang mit dieser Untersuchung verdient die These Beachtung, daß gerade in der Teilungsphase des Bundes der Geächteten ein Großteil der Flüchtlinge aus der Schweiz Paris erreichte, die dortige Organisation beeinflußte und somit als ehemalige Mitglieder eines Vereins mit demokratischen Strukturen die Spaltung des Bundes der Geächteten zumindest forcierten.[244] Unterstützt werden kann diese These teilweise durch den benannten Briefwechsel zwischen Fein und Gummen, da sich trotz der erfolglosen Bemühungen durch den Kontakt mit dem Jungen Deutschland eine Fraktionierung im Bund der Geächteten erahnen läßt. Von einem Klub des Jungen Deutschland in Paris kann seit 1836 ausgegangen werden, obwohl von dessen Wirkung und Arbeit wenig überliefert ist. Anzunehmen ist, daß sich das Junge Deutschland nach einer anfänglichen personellen Überschneidung mit dem Bund der Gerechten zugunsten des bedeutenderen Vereins auflöste. Eine Nachricht des Freiherrn Adolf von Pratobevera vom 7. September 1839, Vertreter Österreichs bei der Frankfurter Zentraluntersuchungsbehörde, informiert über das Junge Deutschland in Paris, welches bei einem Hanauer namens Calmes seinen Hauptsitz hat.[245] Das Junge Deutschland hat zumindest bis Ende 1839 in Paris neben dem Bund der Gerechten existiert.

Ein anderer Teil der Flüchtlinge gelangte über Paris im September 1836 nach London. Etwa 32 Flüchtlinge aus der Schweiz gründeten kurz nach ihrer Ankunft einen Verein des Jungen Deutschland. Weiterhin beschreibt der Präsident des Vereins in einem Brief an Hermann von Rauschenplat, daß die bereits in der Schweiz geforderte strategische Verbindung mit anderen revolutionären Vereinen nun erstmals gelungen schien: „Da es in unserem Zwecke liegt, unsre Partei so viel als möglich zu verstärken haben wir uns mit den hier bestehenden Verbindungen droit de l'homme (Franzosen), société démo-

---

[243] Vgl. August Wilhelm Fehling, Karl Schapper und die Anfänge der Arbeiterbewegung bis zur Revolution von 1848. Von der Burschenschaft zum Kommunismus. Ein Beitrag zur Geschichte des Handwerkerkommunismus, Phil. Diss., Rostock 1922 [Masch.], S. 44ff.; Schieder, S. 45ff.

[244] Vgl. Schieder, S. 28 und S. 48f.; Schraepler, Handwerkerbünde, S. 50. Auch Kowalski stellt die Flüchtlinge aus der Schweiz in unmittelbarem Zusammenhang mit der Spaltung des „Bundes der Geächteten". Es waren seiner Meinung nach aber allein „jungdeutsche Handwerksgesellen" (Kowalski, Vorgeschichte und Entstehung, S. 124), was allerdings nicht nachzuweisen ist. Mit Karl Schapper und Klemens Rust lassen sich aber zwei Flüchtlinge im ersten Führungskreis des Bundes der Gerechten nachweisen; vgl. Schieder, S. 49f.

[245] Abschrift einer Notiz des Freiherrn von Pratobevera vom 7.9.1839, GStA PK, I. HA Rep. 77, Tit. 509, Nr. 41, Bd. 2, fol. 2; vgl. auch Schieder, Anm. 38, S. 51.

cratiques[246] (Polen) und jeune Italie einen Verein gebildet, der den Namen réunion des réfugiés politiques führt."[247] Zweck dieser Verbindung war „sowohl durch Aufklärung als auch mit den Waffen die Grundsätze der Fr., Gl. und Hum. zu verbreiten und zu befestigen."[248] Das Komitee des multinationalen Vereins wurde durch jeweils einen gewählten Vertreter der vier Basisvereine gebildet. Die Präsidentschaft wurde wöchentlich im Wechsel von den nationalen Vereinen besetzt.

Der Brief gibt zum einen neuen Aufschluß über die Umstände und die Form der Gründung des Jungen Deutschland in London sowie über die Verbindung mit Vereinen anderer Nationen - ein Vorgang, der direkt an den Prozeß des Jungen Deutschland in der Schweiz in seiner Schlußphase anschließt. Zum anderen macht er deutlich, daß die Erfahrungen, die die Flüchtlinge im Jungen Deutschland in der Schweiz gemacht hatten, prägenden Einfluß hatten und dadurch auch die weiteren Organisationsversuche durch das im Jungen Deutschland ausgearbeitete Vereinsprinzip gekennzeichnet sind.

In der Folge benutzte das Junge Deutschland in London den „Verein zur gegenseitigen Unterstützung und Belehrung" als agitatorische Basis. Bis 1839 läßt sich die Existenz des Vereins nachweisen. Aus einer aus Paris den preußischen Behörden übermittelten Notiz vom 14. September 1839 geht hervor, daß der Londoner Verein seine Statuten geändert hat, indem die Artikel herausgestrichen wurden, „die die Handwerker abschrecken."[249] Danach ist über die weitere Entwicklung in London allerdings nichts bekannt. Auch der weitere Verlauf der réunion des réfugiés politiques konnte nicht ermittelt werden. Carl Vincenz, Präsident des Vereins im Jahre 1836, erwähnte den Plan einer internationalen Armee, die in Spanien am Kampf gegen die Karlisten teilnehmen sollte. Zu der Aufstellung dieser Truppe kam es nicht, aber die Diskussion um die militärische Führung spiegelt ebenfalls die Auseinandersetzung in den schweizerischen Vereinen um das Junge Europa wider. Das Junge Deutschland erklärte sich nur unter der Bedingung bereit, an dem militäri-

---

[246] Es handelt sich dabei wahrscheinlich um eine Londoner Sektion der „Polnischen Demokratischen Gesellschaft" die ihren Hauptsitz in Frankreich hatte; vgl. Hans Henning Hahn, Die Organisationen der polnischen „Grossen Emigration" 1831-1847, in: Theodor Schieder, Otto Dann (Hrsg.), Nationale Bewegung und soziale Organisation. Vergleichende Studien zur nationalen Vereinsbewegung des 19. Jahrhunderts in Europa, München 1978, S. 131-279, hier: S. 221.
[247] Brief von Hans [d.i. Carl Vincenz] an Hermann von Rauschenplat; London 29.9.1836, StA L, FAA 4676 [Bestand ist unfoliiert].
[248] Ebd.
[249] Abschrift einer Notiz des Freiherrn von Pratobevera vom 14.9.1839, GStA PK, I. HA Rep. 77, Tit. 509, Nr. 41, Bd. 2, fol. 4; vgl. auch Schieder, S. 64f.

schen Unternehmen teilzunehmen, wenn „alle Nationen unter der europäischen Fahne vereinigt oder als ein Corps aber jede Nation unter ihrer eigenen Fahne kämpfen."[250] Hierbei ist allerdings auch eine Weiterentwicklung in der Auseinandersetzung um das Wesen einer internationalen Führung zu erkennen. Der regelmäßige Wechsel im Präsidium der Organisation und die gemeinsame Spitze der multinationalen Truppe schien den deutschen Flüchtlingen für die Wahrung der nationalen Eigenständigkeit ausreichend zu sein.[251] Möglicherweise war der engere Kontakt aller deutschen Flüchtlinge in einer Stadt und nicht nur der der Vereinsführer mit Emigranten anderer Nationen Grund dafür, daß die internationale Zusammenarbeit ein neues Gewicht bekam.

Die Untersuchung macht deutlich, daß es den Führern des Jungen Deutschland in der ersten Phase bis 1836 in der Schweiz nicht gelang, das Organisationsnetz ins Ausland auszuweiten oder den eigenen Verein mit anderen Verbindungen außerhalb des Jungen Europa zu verknüpfen. Erst nach der erneuten Emigration konnten die Jungdeutschen den Verein auch außerhalb der Schweiz aufbauen bzw. mit anderen Vereinen Deutscher oder anderer Nationen verbinden, was z. B. in Paris aller Wahrscheinlichkeit nach an dem grundlegenden Wechsel der Vereinsstruktur lag, der nicht zuletzt durch das Junge Deutschland hervorgerufen wurde. Für die Zeit bis 1836 läßt sich weiterhin beim Jungen Deutschland, aber auch bei anderen deutschen Auslandsvereinen, ein starres Festhalten am strukturellen Aufbau des Vereins beobachten.

4.3 Die politische Ausrichtung des Vereins

Als sich die politischen Flüchtlinge in der Schweiz sammelten, waren sie geprägt durch die bereits zur Zeit des Hambacher Festes auszumachende Polarisierung der liberal-bürgerlichen Bewegung. Dieser Prozeß, der schon anhand der Burschenschaften und der radikalen Gruppen der bürgerlichen Bewegung dargelegt worden ist, führte zur Bildung einer Flüchtlingsgruppe, die als radikale Avantgarde gekennzeichnet worden ist. Gegenstand der folgenden Untersuchungen soll in erster Linie die Frage sein, wie sich das politische Denken der Führer des Jungen Deutschland weiterentwickelt hat. Dabei stehen die Fragen im Zentrum, ob sich ein kontinuierlicher Prozeß abzeichnete und sich das Junge Deutschland darüber hinaus in die entstehende demokratische Be-

---

[250] Brief Vincenz' an Rauschenplat, StA L , FAA 4676.
[251] Vgl. Brief Vincenz' an Rauschenplat, StA L, FAA 4676.

66

wegung einordnen läßt oder ob sich elementare neue Entwicklungen während der ersten Phase des Jungen Deutschland ergaben, die die hier untersuchte „Vereinsbewegung, (...), als ‚Arbeiterbewegung' qualifiziert."[252] Zunächst soll die Entwicklung der demokratischen Bewegung kurz skizziert werden.

4.3.1 Entwicklungslinien der demokratischen Bewegung

Peter Wende hat bereits die Existenz originär demokratischer Theorieelemente im Vormärz nachgewiesen. Die Demokraten hätten es zwar nicht zu einer eigenständigen demokratischen Bewegung gebracht, doch ließen sich anhand der Analyse von Traktaten verschiedener „Vormärzradikaler" verschiedene Phasen einer Theorieentwicklung unterscheiden.[253] Wenn das demokratische „Offenburger Programm" von 1847 im Rückgriff auf die Entwicklung seit 1830 formuliert worden ist,[254] dann kommt der bereits dargestellten Differenzierung der liberal-bürgerlichen Bewegung in einen gemäßigten und einen radikal-demokratischen Flügel entscheidende Bedeutung zu. Die frühdemokratische Bewegung hat sich also zum einen als radikaler Flügel vom Liberalismus herausgelöst. Zum anderen läßt sich aber auch eine „dünne direkte Traditionslinie aus dem Jakobinismus der Französischen Revolution" feststellen.[255] Beeinflußt durch die revolutionären Ereignisse in Frankreich entstehen ab 1792 unter deutschen Jakobinern republikanisch-demokratische Vorstellungen.[256] Verallgemeinernd läßt sich festhalten, daß die Jakobiner die Abschaffung der Monarchie durch eine revolutionäre Erhebung und die Errichtung eines demokratischen Verfassungsstaates forderten. Darüber hinaus traten sie für politische Gleichheit ein.[257] Beispielhaft sind Reden, in denen Georg Wedekind, Präsident des Mainzer Jakobinerklubs, seine politischen Vorstellungen erläuterte. Er plädierte für eine demokratische Verfassung im Rahmen einer Republik. Hier „ist die Souveränität beim Volke, (...), in einer Demokratie ist jeder Einwohner sowohl Souverän als wie Untertan, insofern er sich

---

[252] Schieder, S. 301.

[253] Vgl. Wende, S. 20ff.

[254] Vgl. Wende, S. 4ff.

[255] Wolfgang Hardtwig, Vormärz. Der monarchische Staat und das Bürgertum, München ⁴1998, S. 150; vgl. auch Reinalter, Die frühe liberale und demokratische Bewegung in Deutschland und Österreich 1815 – 1848/49 (Einführung), in: Ders. (Hrsg.), Die Anfänge des Liberalismus und der Demokratie, S. 9-19, hier: S. 16.

[256] Vgl. Reinalter, Die Französische Revolution und Mitteleuropa, S. 123ff.

[257] Vgl. Reinalter, Jakobinismus, S. 94ff.

den Gesetzen unterwerfen muß."[258] In einer anderen Rede erklärte er, daß „alle Stellen durch freie Wahl besetzt werden. (...) Der geringste Bürger kann so gut die erste Landesstelle erhalten wie der reichste, wenn er nur die Geschicklichkeit dazu hat."[259]

Nach dem Ende der Jakobinerbewegung formierten sich erst 1815 wieder Gruppen, die demokratische Vorstellungen vertraten. Mit der Bildung der Jenaer Burschenschaft traten schließlich die Studenten als Vertreter liberaler und demokratischer Ideen hervor. Während die Teilnehmer der Wartburgfeier vor allem nationale und liberale Forderungen formulierten, bildete sich in Gießen um den Studenten Karl Follen ein radikalerer Kreis der burschenschaftlichen Bewegung. Dieser „Bund der Schwarzen" oder „Unbedingten" trat für die Volkssouveränität ein.[260] Die von diesem Bund formulierten „Grundzüge für eine künftige Reichsverfassung" sahen unter anderem allgemeine gleiche Wahlen zu einem Reichsrat, die Wahl des Staatsoberhaupts und Rechtsgleichheit der Bürger vor.[261] Bei Follen mischten sich jakobinische, romantische und kosmopolitische Ideen. So läßt sich also zumindest eine Kontinuität bezüglich des politischen Programms zu den deutschen Jakobinern ausmachen.[262] Auch Wilhelm Schulz, Mitglied des „Bundes der Schwarzen", bezieht sich in seiner Flugschrift „Frag- und Antwortbüchlein

---

[258] Rede vom 5.11.1792; abgedruckt bei: Helmut Reinalter, Anton Pelinka (Hrsg.), Die demokratische Bewegung in Deutschland von der Spätaufklärung bis zur Revolution 1848/49. Eine kommentierte Quellenauswahl, Frankfurt am Main 1998, S. 56.

[259] Drei Anreden an seine Mitbürger, gehalten am 27., 28. und 29. Oktober in der Gesellschaft der Volksfreunde zu Mainz von Georg Wedekind, Mainz 1792; abgedruckt bei: Reinalter, Pelinka, S. 52. Hinzuweisen ist noch darauf, daß bei den deutschen Jakobinern die Begriffe Republik und Demokratie nicht synonym verwendet wurden. Der monarchische Staat soll durch die republikanische Staatsform ersetzt werden. Die Souveränität ist beim Volk verankert. Hingegen gab es unterschiedliche Auffassungen darüber, wer die konkrete Ausübung der Herrschaft übernehmen sollte; vgl. Oliver Lamprecht, Das Streben nach Demokratie, Volkssouveränität und Menschenrechten in Deutschland am Ende des 18. Jahrhunderts. Zum Staats- und Verfassungsverständnis der deutschen Jakobiner, Berlin 2001, S. 117ff.; vgl. auch Helmut Reinalter, Zur Einführung: „Republik". Zu Theorie und Begriff seit der Aufklärung, in: Ders. (Hrsg.), Republikbegriff und Republiken seit dem 18. Jahrhundert im europäischen Vergleich. Internationales Symposium zum österreichischen Millennium, Frankfurt am Main 1999, S. 15-25, hier: S. 19f.

[260] Vgl. Hardtwig, Protestformen, S. 37ff.

[261] Vgl. Hardtwig, Vormärz, S. 14.

[262] In wenigen Fällen konnte auch eine personelle Kontinuität nachgewiesen werden; vgl. Backes, S. 61f.

über allerlei, was im deutschen Vaterland besonders Not tut" auf alte jakobinische Vorstellungen.[263]

Follen berief sich außerdem auf die Vorstellungen der französischen Jakobiner.[264] Des weiteren lassen sich bei ihm totalitäre Tendenzen feststellen, da seine Vorstellungen notfalls mit Zwang durchgesetzt werden sollten. Die demokratischen Forderungen verbanden sich bei Follen zudem mit einem „Rigorismus der Überzeugung"[265], der auch den Tyrannenmord legitimierte. Durch diese Anschauung beeinflußt, ermordete der Student Karl Ludwig Sand den Dichter August von Kotzebue. Nach diesem Attentat konnte Metternich die geplanten Maßnahmen gegen die liberale Bewegung mit den Karlsbader Beschlüssen durchsetzen. Neben einer verschärften Pressezensur wurden die Burschenschaften verboten. Um die politischen Ziele der Burschenschaften nicht preiszugeben, organisierte sich eine radikale Minderheit der Studenten in „engeren Vereinen", eine schon von Karl Follen vertretene Form der geheimen Verbindung.[266]

Die engeren Vereine an den verschiedenen Universitäten hielten untereinander Kontakt und fanden sich auf eigenen Kartelltagen zusammen. Die Konspiration hatte zur Folge, daß man sich immer weiter von der gesellschaftlichen Realität entfernte, was zu unkonkreten, nicht durchführbaren Umsturzplanungen führte. So gründete Karl Follen 1821 den „Jünglingsbund", der auf eine revolutionäre Aktion hinarbeiten sollte. Aus der Satzung des Bundes geht auch hervor, daß zumindest eine kleine radikale Gruppe von Studenten weiterhin demokratische Vorstellungen vertrat: „Zweck des Bundes sey: der Umsturz der bestehenden Verfassungen, um einen Zustand herbeizuführen, worin das Volk durch selbstgewählte Vertreter sich eine Verfassung geben könne."[267] Weiterhin solle sich ein zweiter Teil des Bundes, der sich in erster Linie aus im bürgerlichen Leben stehenden Männern zusammensetzte, mit dem Jünglingsbund im revolutionären Moment zusammenfinden. Diesen „Männerbund" gab es allerdings nie. Als um 1824 der Bund verraten wurde, der immerhin schon rund 150 Mitglieder zählte, traf die Verhaftungswelle nicht nur diesen Bund, sondern einen Großteil der „engeren Vereine" und auch die weiteren Kreise der unpolitisch-agierenden Burschenschaften.[268]

---

[263] Vgl. Reinalter, Die frühe liberale und demokratische Bewegung, S. 11; vgl. auch Backes, S. 61f.

[264] Vgl. Reinalter, Jakobinismus, S. 112.

[265] Hardtwig, Vormärz, S. 14.

[266] Vgl. Hardtwig, Protestformen, S, 46f.

[267] Hauptbericht der Central-Untersuchungs-Commission, S. 187.

[268] Vgl. Hardtwig, Protestformen, S. 51.

Erst 1827 kam es zu einer innenpolitischen Lockerung in einzelnen deutschen Staaten, so daß sich im selben Jahr die „Allgemeine deutsche Burschenschaft" wiedergründen konnte. Daraufhin setzte eine Politisierung und Radikalisierung der germanischen Burschenschaften ein, die bereits dargestellt worden ist.[269] Zwischen 1827 und 1832 lassen sich bei einzelnen Wortführern zwar demokratische und republikanische Forderungen finden, doch gelang es den Burschenschaften nicht, ein politisches Programm ähnlich den „Grundzügen für eine künftige Reichsverfassung" Karl Follens zu formulieren. Demgegenüber kristallisierte sich ein radikal-demokratischer Flügel der liberalen Bewegung heraus, in dem Burschenschafter eine wichtige Rolle spielten. Der Heidelberger Burschenschafter Karl Heinrich Brüggemann trat in seiner Rede auf dem Hambacher Fest für einen „volksthümliche[n] Freistaat"[270] ein. Bezüglich der Mittel, die zum Erreichen der neuen Verhältnisse nötig seien, sah er den gesetzlichen Weg nur für durchführbar, wenn „die Machthaber die Gesetze achten und nicht verdrehen und mißbrauchen."[271] Sollte dies nicht der Fall sein, dann wäre „der Kampf ein Kampf der Notwehr, der alle Mittel heiligt."[272]

Einer der Wortführer des radikal-demokratischen Flügels war der Publizist Johann Georg August Wirth. In seiner Rede auf dem Hambacher Fest drückte er seine Hoffnung auf den „Triumphe der Volkshoheit"[273] aus. In seiner Schrift über „Die politische Reform Deutschlands" konkretisierte er seine Vorstellungen einer zukünftigen demokratischen Republik: „Kein Deutscher hat um ein Haarbreit mehr Rechte, als der andere. Jeder nimmt gleichen Theil an der Repräsentation und der Volks-Souveränität, weil ein Jeder bei den Wahlen der Deputirten, der Provincial-Repräsentanten und der Gemeinde-Beamten sowohl das Stimmrecht, als die Erwählungsfähigkeit besitzt."[274]

Auch Philipp Jakob Siebenpfeiffer, ebenfalls Organisator des Hambacher Festes, formulierte demokratische Forderungen. Nachdem er nach dem Fest verhaftet worden war, bekannte er vor Gericht: „ich halte die Repräsentativ-Republik für die einzige Staatsform, die einem größern Volk, das seine Würde fühlt, geziemt, für die alleinige, die heute möglich. (...) Die konstitutionelle

---

[269] Vgl. Kap. 2.1, S. 17ff.

[270] Wirth, Nationalfest, S. 78. Die „Volktümlichkeit" bedeutet nach burschenschaftlichem Sprachgebrauch das Prinzip der „Volksrepräsentation"; vgl. Roeseling, S. 323.

[271] Wirth, Nationalfest, S, 81.

[272] Ebd.

[273] Wirth, Nationalfest, S. 44.

[274] Johann Georg August Wirth, Die politische Reform Deutschlands. Noch ein dringendes Wort an die deutschen Volksfreunde, Strasburg 1832, S. 24.

Monarchie, welche Republik und Fürstlichkeit vereinen soll, ist mir praktisch ein Unding."[275]

Die Äußerungen von Wirth und Siebenpfeiffer repräsentieren gewissermaßen den Stand der frühdemokratischen Bewegung zur Zeit des Hambacher Festes. Auch wenn für den Vormärz nicht von einer vollständigen Trennung von liberaler und demokratischer Bewegung gesprochen werden kann, so zeigt doch gerade Siebenpfeiffers Aussage über die konstitutionelle Monarchie, wie weit die Radikalisierung des kleinen frühdemokratischen Flügels und seine Abgrenzung von der gemäßigt-liberalen Bewegung schon fortgeschritten war.[276]

Zwar läßt sich in dem dargestellten Zeitraum von der Französischen Revolution bis 1832 keine Entwicklung ablesen, die es rechtfertigt, von einer einheitlichen Genese einer demokratischen Partei zu sprechen,[277] doch lassen sich verschiedene Phasen erkennen, in denen demokratische Forderungen erhoben wurden, die sich inhaltlich glichen. Insofern läßt sich in diesem Zeitraum von der „Ausarbeitung, Verfechtung und Propagierung eines demokratischen Konzepts"[278] sprechen. Mit der Abgrenzung des radikal-demokratischen Flügels von der gemäßigt-liberalen Bewegung beginnt sich schließlich eine einheitliche demokratische Bewegung zu formieren. Sie hat ihren Ursprung zum einen in der liberalen Bewegung, zum anderen in verschiedenen radikal-demokratischen Gruppierungen, die durch eine dünne Kontinuitätslinie miteinander verbunden sind – ein Entwicklungsstrang also, der „mit dem Wirken der Jakobiner in Mitteleuropa Ende des 18. Jahrhunderts begonnen hatte."[279]

Die weitere organisatorische und theoretische Entwicklung dieser entstehenden radikal-demokratischen Bewegung wurde durch die Verfolgung nach dem Hambacher Fest und insbesondere nach dem Frankfurter Wachensturm gebremst und fand unter den erschwerten Bedingungen des Exils in den Auslandsvereinen statt.

---

[275] Philipp Jakob Siebenpfeiffer, Zwei gerichtliche Verteidigungsreden, Bern 1834.

[276] Auch Wirth lehnt eine konstitutionelle Monarchie ab; vgl. Wirth, Die politische Reform, S. 28; zu den unterschiedlichen Auffassungen innerhalb der radikal-demokratischen Bewegung im Vormärz über die Ausgestaltung einer demokratischen Republik vgl. Backes, S. 111ff.

[277] Vgl. Wende, S. 30; vgl. auch Backes, S. 61f.

[278] Wende, S. 30.

[279] Reinalter, Jakobinismus, S. 114.

4.3.2 Entwicklung des frühdemokratischen Denkens im Exil

Die grundlegenden politischen Ziele des Jungen Deutschland drücken sich im ersten Paragraphen der Statuten aus. Demnach konstituierte man sich, „um die Ideen der Freiheit, der Gleichheit und der Humanität in den zukünftigen republikanischen Staaten Europa's zu verwirklichen.“[280] In dieser Grundsatzerklärung werden die fünf zentralen Ziele deutlich: Freiheit, Gleichheit, Humanität, republikanische Verfassung und nationaler Einheitsstaat.

Neben den Losungsworten des Jungen Europa war eine republikanische Staatsverfassung die vorherrschende Forderung in fast allen politischen Äußerungen der Vereinsmitglieder. Auch die Handwerker formulierten bereits im Jahre 1834: „Die einzig tüchtige Staatsverfassung aber ist eine nach den Grundsätzen der Vernunft errichtete Republik, diese allein bietet die Möglichkeit dar und die sichere Gewähr, allgemeines Menschenglück zu gründen; denn nur in ihr herrscht Freiheit und Gleichheit.“[281] Ebenfalls erscheint in den ersten Proklamationen des Jungen Deutschland die Forderung nach einer demokratischen Republik als wesentlicher Aspekt. Die „Unterdrückten Teutschlands“ wurden aufgerufen, sich dem Jungen Deutschland im Kampf gegen die Monarchie anzuschließen. Man befinde sich nur unter der Herrschaft des Gesetzes, „das Gesetz aber sei der Ausdruck der Vernunft und der Erfahrung freierwählter Vertreter.“[282] Gewählt werden sollen „der Beamte, der Eure Angelegenheiten leitet, der Richter, der Eure Zwiste schlichtet, der Lehrer, der Eure Jugend unterweis't, der Geistliche, der Eure Andacht lenkt.“[283] Verbunden wurden diese Ziele mit den bekannten liberalen Forderungen: „Frei [werde] das Gewissen, die Rede, die Schrift, die Versammlung der Bürger; frei das Gewerbe, der Handel.“[284] Gegenüber dem politischen Programm der radikalen Gruppen in Deutschland vor 1834 stellen die demokratischen Postulate eine gewisse Konkretisierung dar.[285]

Des weiteren ist eine Radikalisierung der politischen Forderungen zu verzeichnen. Das Warten und die Hoffnung auf einen baldigen gewaltsamen Umsturz wurden zu einer allgemeinen Formel. Eine demokratische Republik mittels eines Aufstandes durchzusetzen war durchaus ein Plan, der schon auf dem

---

[280] § 1 der Statuten des jungen Deutschlands, StA Z, P 187.1 (2 C).

[281] Schreiben der vereinigten deutschen Handwerker in Bern an die vereinigten deutschen Handwerker in Zürich im September 1834, GStA PK, I. HA Rep. 77, Tit. 500, Nr. 10, Vol. 1, fol. 183-185.

[282] Das neue Teutschland an die Unterdrückten Teutschlands, StA Z, P 187.1 (1) fol. 1.

[283] Ebd.

[284] Ebd.

[285] Vgl. Schieder, S. 203.

Hambacher Fest formuliert wurde. Er trat bei den dortigen Rednern aber nur vereinzelt auf. Im Jungen Deutschland wurde er nun einhellig und zudem organisiert vertreten. Als man 1837 hoffte, daß in Hannover ein Aufstand ausbricht, wandte man sich mit einem Aufruf an die „Patrioten von Hannover" und forderte sie auf, sich für die „republikanische Verfassung zu erklären."[286] Zwei Faktoren wirkten bei dieser Radikalisierung konstitutiv. Zum einen agierte die radikale Avantgarde nun abgeschlossen und unter sich. Als Teil einer heterogenen liberal-bürgerlichen Bewegung befand sie sich in Konfrontation mit anderen gemäßigteren Gruppen. Der ausschließliche Verkehr mit Gleichgesinnten in der Emigration schloß diesen hemmenden Faktor aus und forcierte die Radikalisierung, da keine Kompromisse mehr mit anderen sehr viel größeren Gruppen gemacht werden mußten.

Zum anderen führte die isolierende Wirkung der Exilsituation, durch die man von den wirklichen gesellschaftlichen Verhältnissen abgeschlossen war oder sie nur verzerrt wahrnahm, zu einer Situation, in der man Forderungen stellte und Wege zur Durchsetzung erwog, die in mancher Hinsicht wirklichkeitsfremd waren.[287]

Zwar gelang es den Vereinsführern des Jungen Deutschland in der folgenden Zeit nicht, ihre Pläne einer deutschen Republik theoretisch fundiert weiterzuentwickeln. Auch blieb die politische Wirkung auf Deutschland begrenzt. Daher kann man auch davon sprechen, daß ein selbstgestecktes Ziel des Vereins nicht erreicht wurde. Doch bildet bereits das Festhalten und das Bewahren eines frühdemokratischen Programms im Ausland angesichts der geringen Handlungs- und Agitationsfähigkeit von Vertretern dieser Bewegung in den 30er Jahren in Deutschland eine bedeutende Voraussetzung für eine potentielle Weiterentwicklung der demokratischen Bewegung.

Außerdem können die Konkretisierungstendenzen des eigenen politischen Programms bei gleichzeitiger Ausbildung des Kommunikationssystems des Vereins, durch das ein steter Kontakt der Emigranten gewährleistet wurde, gar nicht überschätzt werden, wenn man die rasche Herausbildung des demokratischen Programms 1847 betrachtet.

---

[286] An die Patrioten von Hannover! Freiheit! Gleichheit! Humanität!; abgedruckt bei: Ruckhäberle (Hrsg.), Bildung und Organisation, S. 141. Als Verfasser gelten Ernst Schüler und Julius Gelpke.

[287] Vgl. Hans Henning Hahn, Möglichkeiten und Formen politischen Handelns in der Emigration. Ein historisch-systematischer Deutungsversuch am Beispiel des Exils in Europa nach 1830 und ein Plädoyer für eine international vergleichende Exilforschung, in: Archiv für Sozialgeschichte 23, 1983, S. 123-161, hier: S. 147; Hahn mahnt allerdings auch an, daß die Wirkung dieses Prozesses durch ein rein pragmatisch ausgerichtetes Politikverständnis nicht vollständig erfaßt wird.

Im gleichen Maße erscheint die Entwicklung eines Teils der frühdemokratischen Bewegung im Jungen Deutschland relevant für die endgültige Trennung des radikal-demokratischen Flügels von den Liberalen im Vorfeld der
Revolution.[288] Beides, die Ausarbeitung des politischen Programms sowie die
eigene Positionierung in Abgrenzung zu anderen politischen Lagern, ist im
Jungen Deutschland konserviert und vorbereitet worden.

Betrachtet man die demokratischen Forderungen des Jungen Deutschland,
werden die Parallelen zu der Programmatik der radikalen Strömungen von
den deutschen Jakobinern bis zum linken Flügel der liberalen Bewegung
deutlich. Es werden zum einen Verbindungslinien in bezug auf die politische
Programmatik der deutschen Jakobiner deutlich, was sich vor allem an den
republikanischen Forderungen ablesen läßt. Zum anderen knüpfen die demokratischen Vorstellungen direkt an den theoretischen Entwicklungsstand des
radikal-demokratischen Flügels um 1832 an. Es zeigt sich also, daß das Junge
Deutschland als Phase einer kontinuierlichen Entwicklung der demokratischen Bewegung beurteilt werden kann.

4.3.3 Nationalbewegung und Supranationalität

Ein anderer bedeutender Bestandteil des politischen Denkens war die Forderung nach einem einheitlichen Nationalstaat. Während die Entstehung einer
umfassenden liberalen Bewegung unmittelbar mit der Julirevolution im Jahre
1830 zusammenhängt, wurzeln die nationalen Forderungen sehr viel früher.
In unserem Zusammenhang ist das Aufkommen einer starken nationalen Bewegung im Anschluß an die Freiheitskriege von Interesse. Während in den
20er Jahren Merkmale für nationale Intentionen auszumachen sind,[289] mani-
festierten sich die nationalstaatlichen Forderungen Anfang der 30er Jahre in
der Allgemeinen Deutschen Burschenschaft als nationaler Organisation, aber
auch in der liberalen Bewegung in Form des überregionalen und im Plan national ausgerichteten Preß- und Vaterlandsvereines. Liberale wie auch republikanische Forderungen wurden nur im Kontext eines Nationalstaats formuliert. Der Einheitsgedanke verband sich also sowohl mit der liberalen Bewegung als auch mit dem radikal-demokratischen Flügel.

Durch die Verbindung der deutschen radikalen Avantgarde in der Schweiz mit
dem Jungen Europa scheint eine Divergenz zwischen nationaler Bewegung

---

[288] Vgl. Hardtwig, Vormärz, S. 139.
[289] Vgl. Dann, Nation und Nationalismus, S. 102f.

und Giuseppe Mazzinis Plänen eines europäischen Völkerbundes zu entstehen. Bei näherer Betrachtung ergibt sich hingegen eine fruchtbare Verbindung.

Der gegenwärtige Nationalismusbegriff des Staates wurde charakterisiert als „ein Begriff der Absonderung und der Trennung."[290] Dieser Nationalität der Vergangenheit stellte man den Nationalismusbegriff des Jungen Europa gegenüber: „Der hellere Begriff unserer Zeit, das Zusammenwirken der Nationen, jede in ihrer Eigentümlichkeit und besonderen Stellung zum Wohle der Menschheit, diese Lichtseite der Nationalität, dämmert kaum erst am Horizonte des Jahrhunderts."[291] Dem Bund der Könige sollte der Bund der Völker entgegengestellt werden. Während die gewachsenen nationalen Bestrebungen einem utopischen Weltbürgertum, wie es in Paris propagiert wurde, widersprachen, war es den Mitgliedern des Jungen Deutschland generell möglich, sich mit dem Nationalismusbegriff des Jungen Europa zu identifizieren, ohne das Bewußtsein einer eigenständigen Nationalbewegung aufgeben zu müssen. Zudem entsprach der Gedanke einer Verbindung zwischen Völkern, die das gleiche politische Ziel verfolgen, unter gleichzeitiger Absicherung der Selbständigkeit der ideengeschichtlichen Ausgangsposition in Deutschland. Neben den Polen- und Griechenvereinen ist die Rede Johann Georg August Wirths auf dem Hambacher Fest ein Indiz hierfür. Wirth ließ das „conföderirte republikanische Europa"[292] hochleben. Allerdings verband er mit der „brüderlichen Vereinigung (...) mit den Patrioten aller Nationen" die „Garantien für die Integrität unseres Gebietes."[293] Damit war das linke Rheinufer gemeint. Bei einer französischen Unterstützung eines deutschen Aufstandsversuches erwartete Wirth, daß Frankreich als Gegenleistung das linke Rheinufer fordern würde.[294] Dabei wird zugleich die Motivation für eine supranationale Zusammenarbeit sowie die in ihr liegende Spannung deutlich, die auch das Verhältnis der Mitglieder des Jungen Deutschland zum Jungen Europa bestimmte. Einer europäischen Verbrüderung lag kein weltbürgerlicher Gedan-

---

[290] Ernst Schüler, Was wir glauben, in: Das Junge Deutschland. Eine Zeitschrift in zwanglosen Heften, Heft 1, 1836; abgedruckt bei: Werner Kowalski (Bearb.), Vom kleinbürgerlichen Demokratismus zum Kommunismus. Zeitschriften aus der Frühzeit der deutschen Arbeiterbewegung (1834-1847), Berlin 1967, S. 119.
[291] Ebd.
[292] Wirth, Das Nationalfest der Deutschen, S. 48.
[293] Ebd.
[294] Vgl. Wirth, Das Nationalfest der Deutschen, S. 44f.; der Redaktionsausschuß, der die Festbeschreibung gemeinsam mit Wirth herausgab, sah sich im übrigen gezwungen, in einer speziellen Anmerkung Wirths Angriffe auf Frankreich zu bedauern; vgl. Wirth, Das Nationalfest der Deutschen, Anm., S. 48f.

ke zugrunde, sondern lediglich die gegenseitige Unterstützung nationaler Bewegungen unter Wahrung der nationalen Sonderinteressen. So war es die Überzeugung der Vereinsführer, daß „ohne diese Ausdehnung unserer europäischen Verbindung - ohne Mitwirkung der Patrioten aller Nationen - ohne Freiheit aller europäischen Völker (...) die Freiheit der einzelnen entweder nicht möglich oder doch immer gefährdet seyn"[295] wird. Der Brief Eduard Scribas macht deutlich, daß die übernationale Vereinigung durchaus zweckbestimmt war. Auch nachdem sich das Junge Deutschland wegen der Auseinandersetzung um Mazzinis Führungsstil zeitweilig vom Jungen Europa abgesondert hatte, betonte man den Nutzen eines europäischen Bundes. Allerdings wurde nun die Freiwilligkeit, an einem Waffenunternehmen einer anderen nationalen Organisation teilzunehmen, besonders hervorgehoben.[296]

Johann Georg August Wirth kommt in erster Linie in der zweiten Phase des Jungen Deutschland Bedeutung zu. Allerdings berief sich schon Ernst Schüler, der letzte Präsident des Jungen Deutschland, auf ihn und vor allem auf seine Legitimationsthesen für liberale und republikanische Forderungen und einen deutschen Nationalstaat. Sowohl in der ersten und einzigen Ausgabe der Zeitung „Das Junge Deutschland" als auch in seinen beiden Kreisschreiben beruft er sich auf Wirths Argumentation, die Legitimität der Forderungen aus der deutschen Geschichte abzuleiten. Schüler idealisierte das deutsche Mittelalter, als „Deutschland ein einziges Reich [war], unsere Väter frei und stark, geehrt von den Völkern Europas. Ein Vogt des Reiches war der Kaiser, der das Wohl Deutschlands im Krieg wie im Frieden besorgte, aber auch für sein Tun und Lassen dem Volke verantwortlich war, daß ihn absetzen konnte, wenn er seiner Pflicht nicht genügte."[297] Schüler spann den Faden weiter und machte die Fürsten für die schwindende Macht und die Zersplitterung des Reiches sowie die Beseitigung der „ursprüngliche[n] weise[n] und trefflich[e] Verfassung"[298] verantwortlich. Nach Schüler konnten die liberalen Ziele also nur in nationaler Einheit verwirklicht werden. Durch das Rekurrieren auf einen vermeintlich geschichtlich belegten Ursprung verband Schüler liberale, demokratische und nationale Forderungen miteinander. In seiner Argumentation kopierte er präzise Wirths Lehre,[299] die in identitätsstiftender Weise die Exi-

---

[295] Brief Scribas an Rauschenplat; o. O., 19.1.1835, StA Z, P 187.1 (2 C).

[296] Vgl. Brief Eduard Scribas; Lausanne, 28.9.1835, NStA WF, 211 N, Nr. 31, fol. 27.

[297] Ernst Schüler, Der deutschen Fürsten Hochverrat, in: Das Junge Deutschland. Eine Zeitschrift in zwanglosen Heften, Heft 1, 1836; abgedruckt bei: Kowalski, Vom kleinbürgerlichen Demokratismus zum Kommunismus, S. 121.

[298] Schüler, Der deutschen Fürsten Hochverrat, S. 122.

[299] Vgl. Schieder, S. 213f.

stenz eines historischen deutschen Nationalstaats konstruierte, um damit einem Bedürfnis der bürgerlichen Bewegung zu entsprechen.[300] Das faktische Fehlen dieses historischen Nationalstaats und die damit implizierten unbestimmten territorialen Grenzen sollten später zu der Ausprägung eines als besonders gefährlich bewerteten deutschen „rechten" Nationalismus führen.[301] Zunächst wird in Ernst Schülers Ausführungen aber eine erwähnenswerte Symbiose sichtbar. Schüler betrachtete die Mitglieder des Jungen Deutschland als die „Nachkommen der alten, freien Germanen"[302] und bezog sich damit ausdrücklich auf Wirth. Schüler versuchte schließlich eine direkte Verbindung zwischen Wirths und Mazzinis Lehre herzustellen. Wirth, der „die Wahrheit gewissenhaft erforscht hat, (...), begegnet in den nämlichen Ergebnissen seiner Forschungen, in der nämlichen Begeisterung für den Glauben und die Wahrheit Italiens edler Sohn *Mazzini*."[303] Schüler konstruierte dadurch einen Zusammenhang zwischen den deutschen nationalen Bestrebungen und der Idee eines gemeinsamen europäischen Wirkens, das sich im Begriff der Humanität in den Statuten des Jungen Deutschland manifestierte. Dieser Zusammenhang ermöglichte das Miteinander von Nationalbewegung und supranationaler Verbindung, das auf der Gleichberechtigung der zukünftigen Nationalstaaten aufbauen sollte.

Damit soll keineswegs angedeutet werden, daß das Junge Deutschland ein für den Vormärz einzigartiges Nationalismusverständnis kreiert hätte. Die Verbindung von Nationalismus und bürgerlicher Emanzipationsbewegung führte generell zu einem Zustand, in dem „starke liberale Korrektive zur Xenophobie"[304] entwickelt werden konnten.

An der franzosenfeindlichen Haltung Wirths, die im übrigen im Jungen Deutschland nicht auftrat,[305] wird allerdings schon das Dilemma dieses „linken" Nationalismus deutlich, das 1848/49 das Ende des „vormärzliche[n]

---

[300] Vgl. Heinrich August Winkler, Der Nationalismus und seine Funktionen, in: Ders. (Hrsg.), Liberalismus und Antiliberalismus. Studien zur politischen Sozialgeschichte des 19. und 20. Jahrhunderts, Göttingen 1979, S. 52-80, hier: S. 56.

[301] Vgl. M. Rainer Lepsius, Nation und Nationalismus in Deutschland, in: Heinrich August Winkler, Nationalismus in der Welt von heute, Göttingen 1982, S. 12-27, hier: S. 16.

[302] Erstes Kreisschreiben, StA B, BB IX, 329, I, Nr. 1.

[303] Schüler, Was wir glauben, S. 121; Sperrung bei Kowalski.

[304] Winkler, S. 57.

[305] In diesem Kontext ist interessant, daß 1841 Georg Feins Gedicht „Der deutschen Rheinfest" in der Deutschen Volkshalle, die von Johann Georg August Wirth herausgegeben wurde, rezensiert wurde. Der Kritiker der Deutschen Volkshalle wertet es als „plumpe Satire auf deutsches Nationalgefühl und die unverschämten Ansprüche Frankreichs"; Deutsche Volkshalle; Paris, 20.2.1841, Abschrift der Kritik, NStA WF, 211 N, Nr. 31, fol. 45.

Traum[s] (...) der romantischen Nationalisten Mazzinischer Prägung"[306] bedeutete. Die Tendenzen eines abgrenzenden Nationalismus werden auch schon im Jungen Europa erkennbar. Das Junge Europa wollte aus der Schweiz eine „Eidgenossenschaft der Alpen" bilden, die „die Stapelplätze des adriatischen Meeres" einschließen sollte und „bis zum Anfang der ungarischen Macht reicht."[307] Nationale Ansprüche kleinerer ethnischer Gruppen mußten nach Mazzini zugunsten großer europäischer Nationalstaaten weichen, wodurch Konflikte verschiedener Nationalismen vorprogrammiert waren.[308]

Doch sollten die romantisierten Ziele des Jungen Europa zumindest im Zusammenhang mit der ideengeschichtlichen Entwicklung des Jungen Deutschland nicht zu schnell an ihrer Realisierbarkeit gemessen werden. Die Richtung, die die Verbindung der nationalstaatlichen Forderungen der radikalen Avantgarde in der Schweiz mit dem Gedanken eines gemeinsamen europäischen Zieles dem Jungen Deutschland gab, führte dazu, daß sich, auch nachdem sich das Junge Deutschland national entschiedener abgeschlossen hatte, daraus kein chauvinistischer Nationalismus entwickelte und die Verbindung mit anderen nationalen Bewegungen weiterhin als notwendig betrachtet wurde.

Die Betrachtung der nationalen Forderungen ergibt auch Hinweise bezüglich der Kontinuität der frühdemokratischen Bewegung und der Positionierung des Jungen Deutschland innerhalb dieser Entwicklung. Die Quellen belegen, daß die Wortführer des Vereins keineswegs als „deutschtümelnd"[309] charakterisiert werden können. Während sich nach den Freiheitskriegen bei oppositionellen Gruppen ein überheblicher und abgrenzender Nationalismus entwickelte,[310] lassen sich bei der beim Jungen Deutschland aufgezeigten Verbindung von nationalen Forderungen und europäischer Identität Parallelen zu den Vorstellungen der deutschen Jakobiner erkennen. So gingen auch die Jakobiner von einer Einheit der Begriffe Kosmopolitismus und Patriotismus aus.[311]

---

[306] Winkler, S. 57.

[307] Kreisschreiben des C. C. des J. E.; Februar 1835, NStA WF, 211 N, Nr. 39, fol. 21.

[308] Vgl. Peter Alter, Nationalismus, Frankfurt am Main 1985, S. 35f.

[309] Waltraud Seidel-Höppner, Zum Demokratieverständnis der deutschen Arbeiterbewegung vor 1848, in: Reinalter (Hrsg.), Die Anfänge des Liberalismus und der Demokratie, S. 111-132, hier: S. 111.

[310] Vgl. Walter Grab, Von Mainz nach Hambach. Zur Kontinuität revolutionärer Bewegungen und ihrer Repression 1792-1832, in: Immanuel Geiß, Bernd Jürgen Wendt (Hrsg.), Deutschland in der Weltpolitik des 19. und 20. Jahrhunderts, Düsseldorf 1973, S. 57f.

[311] Vgl. Reinalter, Jakobinismus, S. 102.

4.3.4 Die soziale Frage

Durch den engen Kontakt, den die jungdeutschen Mitglieder mit den deutschen Handwerksgesellen in den angegliederten Lese- und Gesangsvereinen hatten, wurden sie mit der sozialen Lage der unteren Schichten unmittelbar konfrontiert. Im folgenden soll näher darauf eingegangen werden, inwieweit die Führer des Jungen Deutschland das soziale Problem in ihre politische Programmatik miteinbezogen haben. Dem Begriff „Gleichheit" kommt in den grundsätzlichen Erklärungen des Jungen Deutschland eine zentrale Bedeutung zu.

In dem Artikel „Was wir glauben", der eine Art politisches Credo des Jungen Deutschland war, stellt Ernst Schüler neben das Recht auf Freiheit „das Recht auf Gleichheit, welches keinen Unterschied der Rechte und Pflichten, keine Begünstigung einzelner Personen oder Kasten zum Nachteil der Gesamtheit zuläßt."[312] Zum einen richtet Schüler sich gegen die Regierung, „die seiner Habsucht keine Schranken setzen [kann], sie schützt das Eigentum gegen kleine Diebe, aber nicht gegen den systematischen Raub der Großen."[313] Zum anderen kritisiert er auch die bisherigen Revolutionen, die „lediglich gemacht wurden zur Eroberung der persönlichen *Rechte* und *Interessen*."[314] Aus diesen Ausführungen ist keineswegs eine Negierung des Rechtes auf Eigentum abzuleiten. Dennoch wurde die soziale Frage berührt. Daß dies aber nur am Rande geschah und nicht im gleichen Gewicht mit den anderen politischen Forderungen stand, ist weder als eine rückständige Entwicklung zu interpretieren,[315] noch mit dem Hinweis, daß die politischen Ziele die naheliegendsten waren,[316] hinreichend erklärt. Vielmehr entspricht die Gewichtung der politischen und gesellschaftlichen Forderungen genau der Programmatik des Jungen Deutschland, die sich mit der Durchsetzung ihrer politischen Ziele auch eine Lösung des Pauperproblems versprach.

Deutlich wird diese Weiterentwicklung bereits Anfang 1835 durch Eduard Scribas Herausgabe der „Erklärung der Rechte des Menschen und Bürgers", deren soziale Grundsätze durch Scribas Anmerkungen prononciert wurden. Scriba kommentierte und ergänzte die von Robespierre verfaßte Erklärung vor allem in bezug auf staatliche Mechanismen gegen Armut und Arbeitslo-

---

[312] Schüler, Was wir glauben, S. 118.
[313] Schüler, Was wir glauben, S. 120.
[314] Ebd.; Sperrung bei Kowalski.
[315] Vgl. Kowalski, Vom kleinbürgerlichen Demokratismus zum Kommunismus, S. XLVIff.
[316] Vgl. Gerlach, S. 102.

sigkeit.[317] Allerdings verfälschte er den Artikel 2 und ergänzte die Urrechte des Menschen, Freiheit und Gleichheit, mit dem Recht auf die Sicherheit des Eigentums.[318]

Des weiteren richtete sich die im Jahre 1836 erschienene Flugschrift „Brief aus den Freistaaten von Nordamerika" direkt an die unteren Schichten. Neben dem Aufruf an die Bauern, sich der Opposition gegen die Fürsten anzuschließen, versuchte der Brief vor allem zu vermitteln, daß die Vorteile einer liberalen und demokratischen Republik allen Deutschen zugute kommen würden. Die Flugschrift stellt Deutschland, wo „der Bauernstand (...) von den wenigen großen Herren und deren Beamten und Gesellen geschunden und geplagt"[319] wird, die nordamerikanischen Staaten entgegen: „Hier in Nordamerika lebt ein freies Volk. Herren und Fürsten kennt man nicht; es herrscht Gleichheit aller Bürger. Das Volk wählt seine Obrigkeiten selbst."[320] Auf der einen Seite wird die Ausbeutung der bäuerlichen Schichten in Deutschland bildhaft dargestellt. Auf der anderen Seite steht die wirtschaftlich bessere Stellung der Bauern in Nordamerika im Kontext einer freigewählten Volksvertretung. Das soziale Elend wird demnach in kausalen Zusammenhang mit den politischen Zuständen in Deutschland gebracht. Der Brief suggeriert, daß nur die politische Veränderung nach dem amerikanischen Vorbild die sozialen Mißstände beseitigen kann.

Diese Flugschrift, die von Ernst Schüler in Auftrag gegeben wurde, thematisiert fast ausschließlich die soziale Situation. Die Lösung sozialer Probleme wird lediglich mit der Durchsetzung liberaler und demokratischer Forderungen in Aussicht gestellt wird.

Die Beispiele haben gezeigt, daß sich die Protagonisten des Jungen Deutschland zweifellos mit der sozialen Frage beschäftigt haben.[321] Zur Lösung stellten sie ihr eigenes politisches Programm bereit.[322] Das Losungswort Gleichheit meinte daher auch vor allem die rechtliche Gleichheit, die die Lösung der sozialen Frage mit sich bringen sollte.

---

[317] Vgl. Schieder, S. 205f.

[318] Vgl. Erklärung der Rechte des Menschen und Bürgers; abgedruckt bei: Schauberg, S. 163; vgl. auch Schieder, S. 206 u. Anm. 12, S. 206f.

[319] Brief aus den Freistaaten von Nordamerika, StA Z, P 187.1 (2 C); der Name der fiktiven Familie „Frank" und der Wohnort in „Fränkisch-Krumbach" deuten auf die synonyme Verwendung von „frank" und „frei" hin.

[320] Ebd.

[321] Widersprochen werden kann somit auch der These, „bürgerliche Republikaner wie Wirth, Venedey, Fein samt den national-republikanischen Jungdeutschen versagen sich weitgehend sozialen Forderungen"; Seidel-Höppner, S. 126.

[322] Vgl. Schraepler, Geheimbündelei und soziale Bewegung, S. 68.

80

Inwieweit die Motivation dafür eher im engen Kontakt mit den Handwerkern lag und damit eine ernste Auseinandersetzung mit ihrer sozialen Lage bedeutete oder aber der bloßen Anwerbung neuer Mitglieder diente, kann nicht völlig geklärt werden. Doch erscheint auch nicht die Frage nach der Motivation als wesentlicher Punkt, sondern generell die Sensibilisierung für soziale Belange, was einer Entwicklung zu sozialen Demokraten gleichkommt.[323] Die sukzessive Aufnahme dieses Punktes in das demokratische Programm mußte zu einer tieferen Auseinandersetzung mit Lösungsmöglichkeiten führen. Dieser Prozeß konnte allerdings aufgrund des vorläufigen Endes des Jungen Deutschland nicht fortgesetzt werden.

Wichtig ist, daß die Aufnahme dieses Punktes zu einer Erweiterung des frühdemokratischen Programms geführt hat und nicht zu einer Revidierung oder neuen Gewichtung, was einen Bruch in der Entwicklung bedeutet hätte. Demokratische, liberale und nationale Forderungen blieben weiterhin die primären Ziele, während soziale Punkte nur untergeordnet auftraten. Außerdem wurde diese Ergänzung nur von den Flüchtlingen vorgenommen. Die Feststellung Ernst Schraeplers, daß das Junge Deutschland unter Schüler neben demokratischen ausdrücklich sozialistische Ziele verfolgte, ist in keiner Weise belegbar.[324] Der beschriebene Ausbau des Programms zeitigt also außerdem einen eigenständigen und konstanten Entwicklungsprozeß der frühdemokratischen Bewegung in der schweizerischen Emigration.

Sehr viel entscheidendere Relevanz erhält die Lösung des Pauperproblems schließlich in der zweiten Phase des Jungen Deutschland nach 1840, als es in direkter Konfrontation mit den frühkommunistischen Vereinen in der Schweiz um Wilhelm Weitling um die Handwerker konkurrieren mußte.

---

[323] Vgl. Schieder, S. 204.

[324] Vgl. Schraepler, Geheimbündelei und soziale Bewegung, S. 79; weder die von Schraepler angeführte Veränderung der Statuten bei der Versammlung in Brugg im Mai 1836 hinsichtlich der Todesstrafe und der Bewaffnungspflicht können hierfür einen Hinweis liefern, noch ist der Austritt Georg Feins aus dem Jungen Deutschland auf sein Widerstreben gegen „kommunistische" Einflüsse zurückzuführen, sondern lediglich auf persönliche Differenzen mit Ernst Schüler; vgl. Feins letztes Umschreiben an die Klubs des J. Deutschlands; Liestal, 2.5.1836, NStA WF, 211 N, Nr. 39, fol. 34ff.

4.4 Zum Vereinsverständnis

In den folgenden Betrachtungen stehen die Ansichten der Mitglieder des Jungen Deutschland über Zweck und Funktion der Organisationsform „Verein" im Mittelpunkt. Es soll näher untersucht werden, inwieweit der Zusammenschluß in einem Verein näheren Aufschluß über die politische Ausrichtung geben kann.

Dabei werden die beiden bisherigen Untersuchungskomplexe zwar teilweise berührt, doch ist die Fragestellung weitergehend. Sie versucht vielmehr, die beiden Komplexe miteinander zu verbinden, um daraus neue Ergebnisse bezüglich der Kontinuität aber auch des Vereinsverständnisses - quasi der Vereinsphilosophie - des Jungen Deutschland zu erhalten. Dabei wird untersucht, ob das Vereinsverständnis mit der politischen Überzeugung der demokratischen Bewegung korrespondierte bzw. ob bestimmte Organisationsmerkmale, wie die Geheimhaltung, im Einklang mit dieser Überzeugung standen. Dabei soll die Frage geklärt werden, inwieweit die strukturellen Merkmale des Organisationsaufbaus in direktem Zusammenhang mit der politischen Ausrichtung standen. Darüber hinaus ist zu bestimmen, ob die Vereinsmitglieder der Vereinsform eine besondere Bedeutung zukommen ließen oder es lediglich eine beliebige Organisationsform gewesen ist.

4.4.1 Das Junge Deutschland zwischen Arkanum und liberaler Öffentlichkeit

Im folgenden soll auf die Geheimhaltung des Vereins eingegangen werden. Dabei soll erstens das Beziehungsgeflecht dargestellt werden, welches auf die Vereinsführer wirkte, zweitens die Motivation, den Verein geheimzuhalten und schließlich die spezifische Form der Geheimhaltung im Jungen Deutschland.

Die Mitglieder des Jungen Deutschland standen einerseits in der Tradition der Entwicklung des Vereinswesens in Deutschland, die eingelassen war in den allgemeinen Entwicklungsprozeß von Wirtschaft, Politik und Gesellschaft im Vormärz. Diese Entwicklung des deutschen Vereinswesens ist zum einen Ausdruck für die Auflösung der korporierten Gesellschaft. Der Verein gewann seine Bedeutung für die bürgerliche Bewegung durch die freiwillige Verbindung, um einen bestimmten Zweck zu verfolgen. Zum anderen konnte der Zusammenschluß in einem Verein daher dem wachsenden Drang des Bürgertums zum politischen Handeln und zur politischen Partizipation gerecht werden.[325] Der Verein als „organisatorischer Träger der Opposition"[326] wurde zu einem Bestandteil der bürgerlich-liberalen Bewegung. Die Gründung eines Vereins entsprach somit auch einer progressiven und nach Öffentlichkeit strebenden politischen Gesinnung.

Andererseits wirkte auf die Bildung eines Emigrantenvereins im Vormärz aber auch eine ältere politische Tradition der Vereinsorganisation: der geheime politische Verein. Ihrer Organisationsform nach den Geheimgesellschaften des 18. Jahrhunderts nahestehend, standen die konspirierenden Vereine diametral zu dem sich entwickelnden liberalen Vereinswesen in Deutschland. Die einflußreichste und international verbreitetste geheime Verbindung war die Charbonnerie démocratique universelle, die ihr Zentrum in Paris hatte. Der Vereinsaufbau war streng hierarchisiert, wobei die Konspiration förmlich zum Dogma erhoben wurde. Die Charbonnerie war „zu Anfang der 30er Jahre (...) Vorbild für alle politische Geheimbündelei gewesen."[327] Die kurze Darstellung der Entwicklung des Deutschen Volksvereins in Paris zum Bund der Geächteten hat bereits gezeigt, daß nahezu alle deutschen Flüchtlinge in Paris unter dem Einfluß der Charbonnerie standen.

Der Kontakt der beiden differierenden Vereinsformen in Deutschland ist am Beispiel der Verbindung von Burschenschaften und Teilen der bürgerlichen Protestbewegung bereits dargestellt worden.[328] Es wurde auch deutlich gemacht, daß sich beide Gruppen zunächst ergänzen konnten, die zwangsläufige Auseinandersetzung über die Organisationsform aber durch die Flucht nicht zustande kam. Die zentrale Frage ist daher, welcher Stellenwert der Organisationsform nun bei dem Neuaufbau eines Vereins zukam.

Wenngleich die Charbonnerie keine Verzweigungen in die Schweiz hatte, kann doch davon ausgegangen werden, daß durch die große Verbreitung der Charbonnerie und aufgrund der Tatsache, daß sich der Bund der Geächteten in Paris ebenfalls konspirativ organisiert hatte, die geheime Vereinsform im Sinne der Charbonnerie als ernstzunehmende Option für die deutschen Flüchtlinge in Frage kam. Die Geheimhaltung des Vereins ist bei der Gründung des Jungen Deutschland zunächst auf Mazzinis Vorgaben zurückzuführen. Auch Mazzini, der vorher ein führendes Mitglied der geheimen Karbonaria gewesen war, stand in der Tradition geheimbündlerischer Vereinigungen. Daraus ergibt sich die Fragestellung, wie sich die Geheimhaltung des Jungen Deutschland innerhalb des bezeichneten Beziehungsgeflechts, nämlich einer-

---

[325] Vgl. Hardtwig, Strukturmerkmale und Entwicklungstendenzen, S. 13ff.

[326] Hardtwig, Strukturmerkmale und Entwicklungstendenzen, S. 38.

[327] Schieder, S. 23.

[328] Siehe Kap. 2.2, S. 20ff.

seits eines sich entwickelnden deutschen liberalen Vereinsprinzips und anderseits einer effektiven und sicher auch anziehend wirkenden Konspirationsform, entwickelte.

Betrachtet man die Gründungsphase des Jungen Deutschland in der Schweiz 1834, stellt sich die Frage, inwieweit die Geheimhaltung des Vereins in diesem Zeitraum einen notwendigen Zweck erfüllte. Zwar mußten die deutschen Flüchtlinge durch die diplomatischen Auseinandersetzungen nach dem Savoyerzug bereits gewarnt gewesen sein, doch schien es zu diesem Zeitpunkt keineswegs erforderlich, die Emigranten geheim zu organisieren.[329] Allerdings änderte sich diese Situation für die Flüchtlinge, nachdem die Gründungsmitglieder des Jungen Deutschland nach Herausgabe der beiden Flugschriften und dem einsetzenden Protest der ausländischen Mächte die Schweiz verlassen mußten. Das Resultat für die organisierten Flüchtlinge in der Schweiz mußte die Geheimhaltung des Jungen Deutschland sein, wenn man in dieser Form weiteragieren wollte.[330] Dabei offenbart sich eine Spannung zwischen öffentlicher und geheimer Handlungsmöglichkeit. Neben einem bewaffneten Aufstandsversuch war die Propaganda in Form von Flugschriften, Lese- und Gesangsvereinen oder Festen die favorisierte Form des politischen Handelns. Zwangsläufig mußte man mit diesen liberalen Aktionsformen an die Öffentlichkeit treten. Wollte man diese Arbeit aber weiterhin durch ein überregionales vernetztes Vereinssystem organisieren, um die Propagandatätigkeit effektiver zu gestalten, konnte dies nur mit einem geheimen Verein durchgeführt werden.[331] Zugespitzt formuliert war öffentliche Arbeit nur aus dem Verborgenen möglich. Die demokratische Programmatik war mittlerweile so stark radikalisiert, daß das öffentliche Wirken, welches in der liberal-bürgerlichen Protestbewegung praktiziert wurde, nicht mehr anwendbar war und die demokratischen Ideen „in der liberal-evolutionären Strategie keinen Platz mehr fanden."[332] Die Geheimhaltung wurde also zum einen durch das staatliche Handeln und zum anderen durch die eigene Radikalität determiniert.

In der Schweiz war man wie in Paris durch die restriktive staatliche Politik gegenüber politischen Vereinen gezwungen, im geheimen zu arbeiten. Wäh-

---

[329] Vgl. Schieder, S. 136; Schieder bezieht diese Feststellung allerdings auf den gesamten Zeitraum bis 1836.

[330] Vgl. die Warnung August Breidensteins an Eduard Scriba, sich „vor allen politischen Händeln" fernzuhalten, da alles verraten worden ist; Brief August Breidensteins an Eduard Scriba; o.O., 9. 6. 1834, STA B, BB IX, 329, XIV, Nr. 4.

[331] Selbst nur lokal agierende Vereine wurden in vielen Städten verboten. Nur in Genf und Lausanne gelang es, öffentlich genehmigte Handwerkervereine zu gründen; vgl. Schmidt, S. 111.

[332] Hardtwig, Strukturmerkmale und Entwicklungstendenzen, S. 33.

rend die Flüchtlinge in Paris eine strenge Hierarchie nach dem Vorbild der Charbonnerie instituierten und das Arkanum nicht nur nach außen, sondern auch innerhalb der Vereinsstrukturen entlang der Befehlshierarchie pflegten, entwickelte das Junge Deutschland eine eigene Praxis der Konspiration. Die Geheimhaltung versuchte man entsprechend der reellen Bedrohung so gering wie möglich zu halten. Zudem wurde sie kontinuierlich aus den eigenen Reihen kritisiert.

Georg Fein zeigte sich entrüstet über spätere Gerüchte, „unbekannte Obere hätten an der Spitze gestanden, denen man ‚blinden Gehorsam' hätte geloben müssen."[333] Er führte diese Annahme auf eine bewußte Verwechslung mit einem anderen, nicht in der Schweiz ansässigen deutschen geheimen Verein zurück, wobei er aller Wahrscheinlichkeit nach den Bund der Geächteten meinte.

Statuarisch war festgelegt, daß „die Namen der Mitglieder des Ausschusses (...) jedem Mitgliede des Jungen Deutschlands bekannt"[334] waren. Mit dem kategorischen Verzicht auf interne Geheimhaltung, wie sie die Untersuchung des inneren Aufbaus des Vereins aufgezeigt hat, war allerdings auch eine „große Gefahr für das Komite verbunden."[335] Je zahlreicher die Verbindung wurde, desto größer wurde selbstverständlich auch die Gefahr eines möglichen Verrats. Das Risiko, daß Agenten in die Verbindung eingeschleust wurden, war für einen politischen Verein ohnehin gegeben. Die interne Öffentlichkeit des geheimen Vereins machte die Folgen eines Verrats noch gravierender. Die Vereinsführer waren sich dieser Gefahr durchaus bewußt, stellten die Transparenz der Vereinsführung aber zu keiner Zeit in Frage, da „zugleich auch das Vertrauen der Mitglieder auf dasselbe begründet und seine Verantwortlichkeit möglich gemacht"[336] wird.

Daß die Geheimhaltung nicht zum Vereinsideal hochstilisiert wurde, zeigen die Initiativen bei der Gründung der Jungen Schweiz. Die Junge Schweiz war nach den Plänen des Jungen Europa bestimmt, „einst eine öffentliche National-Verbindung zu sein."[337] Grund für diese Ausnahme war die Tatsache, daß die Junge Schweiz sich als Nationalverbindung eines Landes gründete, „wo das Recht der Association durch die Gesetze anerkannt ist."[338] Ähnlich äußer-

[333] Brief Feins an Friederike Fein, NStA WF, 211 N, Nr. 15, fol. 449.
[334] § 9 der Statuten des jungen Deutschlands, StA Z, P 187.1 (2 C).
[335] Brief Scribas an Rauschenplat; o.O. 19.1.1835, StA Z, P 187.1 (2 C).
[336] Ebd.
[337] Kreisschreiben des C. C. des J. E.; Februar 1835, NStA WF, Nr. 39, fol. 20.
[338] Ebd.

te sich das Zentralkomitee des Jungen Deutschland unter der Präsidentschaft Eduard Scribas.[339]

Die Abkehr von bestimmten symbolischen Ausdrucksformen ist ebenfalls ein Zeichen für eine lediglich zweckbestimmte Form der Geheimhaltung im Jungen Deutschland. Während in der Verbrüderungsakte des Jungen Europa ein symbolisches Erkennungszeichen vorgeschrieben war,[340] fehlte diese Bestimmung in den Statuten des Jungen Deutschland. Allerdings hielt das Junge Europa an den Erkennungszeichen fest, die Georg Fein als zwecklos wertete, da er sich lediglich von Empfehlungsschreiben überzeugen ließ.[341]

Man organisierte sich auch in gezielter Abgrenzung von anderen geheimen Vereinen. In einem Aufruf des Jungen Europa an die Schweizer Patrioten, der ebenfalls von den Führungsmitgliedern des Jungen Deutschland unterschrieben war, charakterisierte man die Organisationsform der Charbonnerie folgendermaßen: „Wir wollen die Klippe bezeichnen. Sie ist in der fehlerhaften Verfassung der Charbonnerie verborgen. Sie ist versteckt unter dem veralteten an Mittelalter und Pfaffenherrschaft erinnernden Formenkram, in den sie noch im Jahre 1834 eingehüllt ist."[342] Des weiteren wird die Haute Vente Universelle - die oberste Führungsebene, die den unteren Vereinsmitgliedern unbekannt war - als noch größere Gefahr bezeichnet. Ihre Vereinsorganisation wird mit dem „unterirdischen Europa"[343] umschrieben.

Die eigene Geheimhaltung sollte im Gegensatz zu der Vereinsorganisation der Charbonnerie und des Bundes der Geächteten in Paris lediglich Mittel zum Zweck sein. Wolfgang Schieder kommt hingegen zu einem völlig entgegensetzten Ergebnis. Er schreibt dem Jungen Deutschland einen „fast ins Ideologische gesteigerten geheimbündlerischen Optimismus"[344] zu, während sich für ihn die Vereine in Paris aus einer Notwendigkeit heraus geheim entwickelt haben. Dem sind zwei grundsätzliche Argumente entgegenzuhalten. Zum einen wurden bereits die Erfahrungen dargestellt, die die Flüchtlinge in der Schweiz zum Aufrechterhalten des Arkanum bewegt haben dürften.[345] Zum

---

[339] Vgl. Brief des Zentralkomitees des Jungen Deutschlands an den Klub in Zürich; Lausanne, 19.6.1835, NStA WF, 211 N, Nr. 39, fol. 38.

[340] Vgl. Art. 7 der Verbrüderungsakte des Jungen Europa; abgedruckt bei: Ruckhäberle (Hrsg.), Bildung und Organisation, S. 40.

[341] Vgl. Brief Feins an die Zürcher und Luzerner; Ende Januar 1836, NStA WF, 211 N, Nr. 39, fol. 29.

[342] Das Junge Europa an die Patrioten der Schweiz, StA Z, P 187.1 (2 C).

[343] Ebd.

[344] Schieder, S. 137.

[345] Ein Widerspruch in Schieders Argumentation ist zu erkennen, wenn er schließlich die Frage aufwirft, „ob die Schweizer Regierungen bei offenem Vorgehen des ‚Jungen

anderen hat die französische Gesetzgebung zwar die Vereine zur Konspiration gezwungen, doch wenn man die Differenzierung Geheimbund als Mittel zum Zweck oder aus Prinzip anwendet,[346] muß neben der Geheimhaltung nach außen auch die Geheimhaltung innerhalb der Vereinsstrukturen hinzugezogen werden. Gerade die geheime Abschottung der Führungsebene von den restlichen Mitgliedern im Bund der Geächteten verweist auf alte geheimbündlerische Traditionen, die das Arkanum als Organisationsprinzip herausstellen. Das Fehlen dieser internen Geheimhaltung im Jungen Deutschland ist Indiz dafür, daß der geheime Verein nur Mittel war, um das Aufrechterhalten des weitverzweigten Vereinssystems zu gewährleisten. Die Geheimhaltung war notwendig, um einerseits die Propagandaarbeit mit einer überregionalen Vereinsleitung aufrechterhalten zu können und andererseits organisatorisch für einen militärischen Aufstandsversuch handlungsfähig zu sein. Außerdem wurde die mit der Konspiration verbundene Gefahr unkontrollierbarer Macht in einer von der Vereinsbasis abgeschirmten Führungsebene erkannt. Das gewählte Führungskomitee war gewissen Kontrollinstanzen unterworfen, solange die Effektivität dadurch nicht beeinträchtigt wurde.[347]

Vor allem aber war die für die Flüchtlinge eminent wichtige politische Arbeit in einem demokratisch strukturierten Verein in dieser Form nur im geheimen möglich. Jedenfalls hätte dieselbe Arbeit in einem öffentlichen Verein nur unter ständiger Abwägung der Resonanz, die sie bei den Regierungen hervorruft, geschehen können, was den Ausbau demokratischer Strukturen gewiß gehemmt hätte. Dieser Punkt verweist allerdings schon auf das nächste zu untersuchende Gebiet.

Vorerst ist festzuhalten, daß das Junge Deutschland die Geheimhaltung des Vereins unabhängig von anderen Organisationsformen und gemäß den eigenen politischen Traditionslinien ausbildete. Innerhalb des aufgezeigten Beziehungsgeflechts orientierten sich die Vereinsmitglieder an den Traditionen eines sich in Deutschland entwickelnden liberalen Vereinsprinzips. Die Konspiration nach außen als Mittel zum Zweck erwies sich als akkommodabel mit den liberalen und demokratischen internen Vereinsstrukturen.

Die Geheimhaltung gegenüber den angegliederten Handwerkervereinen wurde ebenfalls aus Sicherheitsgründen aufrechterhalten und entsprach den engeren und weiteren Vereinen, wie sie in den Burschenschaften eingerichtet waren. Trotz der sukzessiven Aufnahme von Handwerkern in das Junge

---

Deutschland' nicht schon früher dem Druck der deutschen Mächte hätten nachgeben müssen."; Schieder, S. 138.

[346] Vgl. Schieder, S. 136.

[347] Siehe Kap. 4.2.1, S. 40ff.

Deutschland darf nicht übersehen werden, daß dies nur sporadisch geschah und die Aufrechterhaltung des Arkanums gegenüber dem Großteil der Handwerker dem Jungen Deutschland eine elitäre Ausrichtung gab, was vor allem in der nun folgenden Untersuchung demokratischer Strukturen näher analysiert werden soll.

4.4.2 Verein als demokratische Institution und temporäre Organisationsform

Betrachtet man die bisherigen Ausführungen, so wird deutlich, daß die Form des Jungen Deutschland nicht apodiktisch war, sondern vielmehr eine bedeutende Rolle in den internen Diskussionen gespielt hat. In einem Aufruf erklärte das Junge Europa, daß das Mittel mit den Bedürfnissen des Heimatlandes fortschreiten muß und daher auch „die Einrichtung einer Verbindung nicht stabil seyn"[348] darf. Diese Feststellung richtet den Blick darauf, daß die dargestellten demokratischen Strukturen auch mit demokratischen Prozessen und Umgangsformen ausgefüllt wurden. Die detaillierten Bestimmungen in den Statuten bedeuteten für die Mitglieder des Jungen Deutschland einen intensiven Umgang mit demokratischen Formen.[349] In einem Brief an Hermann von Rauschenplat, der quasi eine Rechtfertigung der inneren Form des Jungen Deutschland war, betonte Eduard Scriba: „die Verfassung der Klubbs ist rein demokratisch und deren Beamte ebenfalls gut kontrolliert."[350] Die Wahl des Zentralkomitees oder der Präsidenten in den einzelnen Klubs, die Möglichkeit der Klage gegen jede Vereinsinstitution oder gegen Mitglieder und die festgeschriebene Transparenz der Vereinsführung und auch der Finanzen - überhaupt die eigenständige Ausgestaltung des statuarischen Rahmens, um den Verein schließlich selbst mit politischem Leben zu füllen, waren „schon eminent politische Erfahrungen"[351] für die Vereinsmitglieder.

Neben den erfolgten Wahlen der Zentralkomitees und der Präsidenten und den abgehaltenen Versammlungen zeigen beispielsweise mehrere Verhandlungen gegen Mitglieder des Jungen Deutschland, daß die Handlungsmöglichkeiten, die die Statuten bereitstellten, auch genutzt wurden. Im Mai 1834 wurde gegen Franz Strohmeyer wegen Verrat und Pflichtverletzung und gegen einen Sekretär namens Nast wegen Veruntreuung Anklage erhoben. Eine

---

[348] Das Junge Europa an die Patrioten der Schweiz, StA Z, P 187.1 (2 C).

[349] Vgl. Hardtwig, Strukturmerkmale und Entwicklungstendenzen, S. 35.

[350] Brief Scribas an Rauschenplat; o.O., 19.1.1835, StA Z, P 187.1 (2 C).

[351] Hardtwig, Strukturmerkmale und Entwicklungstendenzen, S. 39.

eigens eingerichtete Kommission verurteilte beide mit dem Ausschluß aus dem Verein.[352] Des weiteren schlug Scriba Rauschenplat vor, seine Abneigung gegen Mazzini nicht zum Grund für eine Spaltung der deutschen Flüchtlinge werden zu lassen, sondern beizutreten und gegen ihn zu klagen.[353] Welche Folgen eine solche Anklage gehabt hätte oder ob die demokratischen Strukturen auch im Zusammenspiel mit anderen Verbindungen oder der Dachorganisation funktioniert hätten, ist nicht nachzuweisen. Das Einrichten dieser rechtlichen Option gibt dennoch genügend Hinweise über die demokratischen Intentionen der Verfasser der Statuten. Ebenfalls ist eine Reise Georg Feins zu den größten Klubs des Jungen Deutschland, um seine Pläne einer statuarischen Vereinfachung den Mitgliedern mitzuteilen und um für sie zu werben, Merkmal dafür, daß Fein die Mitglieder in den Entscheidungsprozeß miteinbeziehen wollte.[354]

Demokratische Vereinsstrukturen wurden teilweise auch in den Handwerkervereinen eingerichtet. Im Lese- und Singverein in Mühlhausen wurde beispielsweise von den Handwerkern ein eigener Vorstand gewählt.[355]

Ein weiteres Merkmal einer demokratischen Entwicklung des Jungen Deutschland war das Verständnis der Mitglieder über die Form „Verein" an sich. Ernst Schüler führte in seinem „Glaubensbekenntnis" aus, daß „die Menschen bestimmt sind, in gesellschaftlichem Vereine zu leben. Nur im Vereine können sie das werden, wozu sie von Gott berufen sind. (...) Die Vereine welche in unserer Zeit als natürliche und notwendige Bestandteile der Gesellschaft erscheinen, sind die Familie, die Gemeinde, der Staat."[356] Schüler führt in seiner Argumentation die Notwendigkeit der Vereinsgründung auf einen Urdrang des Menschen zurück, sich in Vereinen zu sammeln. Dabei wird allerdings auch der Staat miteinbezogen. Er referiert damit zutreffend die zeitgenössischen Rechtfertigungen für die Vereinsfreiheit, die neben der Wahrung des privaten Raumes des Bürgers gegenüber dem Staat auch ein historisches Recht auf Vereinigung postulierten, das den Staat ganz bewußt in eine Entwicklung der Vereine miteinbindet.[357]

---

[352] Vgl. Anklageprotokolle gegen Franz Strohmeyer und Nast, NStA WF, 211 N, Nr. 39, fol. 7ff.

[353] Brief Scribas an Rauschenplat, StA Z, P 187.1 (2 C).

[354] Vgl. Brief Feins an Friederike Fein; Paris, 3.9.1836, NStA WF, 211 N, Nr. 15, fol. 450.

[355] Vgl. Abschrift eines Briefes von [Hermann] Eichborn, StA B, B I, 418, fol. 243. Die Annahme Schieders, daß sich die Diskussionen um die Statutenveränderungen auch in den Handwerkervereinen abgespielt haben, ist hingegen nicht belegbar; vgl. Schieder, S. 139.

[356] Schüler, Was wir glauben, in: Das Junge Deutschland, S. 117.

[357] Vgl. Wolfgang Hardtwig, Politische Gesellschaft und Verein zwischen aufgeklärtem Absolutismus und der Grundrechtserklärung der Frankfurter Paulskirche, in: Günter

Wichtig erscheint im Kontext dieser Untersuchung, wo das Junge Deutschland in diesem Gefüge, das den Verein als grundlegendes Prinzip des menschlichen Zusammenlebens begreift, positioniert wird. Dadurch könnte eine entscheidende Definition des politischen Vereins in der speziellen Ausprägung des Jungen Deutschland gegeben werden. Schüler gibt dazu allerdings keine hinreichende Erklärung. Betrachtet man seine Argumentationsführung, so erscheint vor allem der gegenwärtige Staat als nicht mit der natürlichen Entwicklung kongruent. Die Existenz des Jungen Deutschland könnte somit in Ermangelung und als vorläufiger Ersatz eines Staates im republikanischen Sinne der Jungdeutschen interpretiert werden. Schüler sah das Junge Deutschland als die Organisation an, die - im Sinne Wirths - den Geist der Vereinigung und den Geist der Humanität „in das Wesen und die Form des Staates"[358] einführen sollte. Das Junge Deutschland stellt sich somit als Mittel zum Zweck der politisch-revolutionären Umformung des Staates dar. Damit verbunden ist nicht nur die rein zweckgebundene Organisationsform, sondern auch eine zeitlich begrenzte, also temporäre Organisationsform. Die Bedeutung dieses Vereinsverständnisses und seine Implikationen können für eine Analyse demokratischer Ausrichtung geheimer politischer Vereine gar nicht überschätzt werden, wie die weitere Betrachtung zeigen wird.

Die Auffassung einer nicht dauerhaften Vereinsorganisation wird auch aus dem politischen Programm des Jungen Deutschland deutlich. Nach einem geglückten Aufstand sollte eine Volksversammlung zusammentreten, um die demokratischen Forderungen umzusetzen. Diese Forderung ist auch in Anbetracht des Selbstverständnisses eines demokratischen Vereins nicht unwichtig. Indirekt geht sie nämlich von der Selbstauflösung aus. In dem Aufruf an die Schweizer Patrioten wurde die Funktion des geheimen politischen Vereins unverkennbar als temporär dargestellt, denn „eine Verbindung soll ein Staat im Staate (der mit dem Beginnen der Revolution untergehen muß,) sein; eine Verbindung soll sich in ihren Einrichtungen der zukünftigen Organisation zu nähern, und einen kraftvollen Volkskern zu bilden suchen, der sich allmählich vergrößere, alle gesellschaftlichen Elemente in sich aufnehme, und damit enden muß: selbst der Staat zu sein."[359]

Daß diese Vereinsphilosophie von den führenden Mitgliedern des Jungen Deutschland vertreten wurde, wird aus den Erörterungen über die künftige

---

Birtsch (Hrsg.), Grund- und Freiheitsrechte im Wandel von Gesellschaft und Geschichte. Beiträge zur Geschichte der Grund- und Freiheitsrechte vom Ausgang des Mittelalters bis zur Revolution von 1848, Göttingen 1981, S. 336-358, hier: S. 354.

[358] Schüler, Was wir glauben, in: Das Junge Deutschland, S. 121.

[359] Das Junge Europa an die Patrioten der Schweiz, StA Z, P 187.1 (2 C).

Repräsentation Deutschlands ersichtlich. Eduard Scriba erläuterte den eigentlichen Zweck des Jungen Deutschland, der sich in der Verbreitung des Vereins und der Grundsätze ausdrückte, um auf die Verhältnisse in Deutschland wirken zu können. Er stellte klar, „daß wir (...) nicht die Repräsentanten der einzelnen Nationen seyn können, denen wir angehören."[360] In einem späteren Brief Scribas an Ernst Schüler, in dem die Kritik an Mazzinis Führungsstils thematisiert wurde, machte Scriba deutlich, auf wessen Repräsentation sich das Junge Deutschland beschränkte. Im Streit um Mazzini schien es ihm notwendig, Partei zu ergreifen. Nach Scriba waren sie es „den 130 Leuten schuldig, deren Repräsentanten"[361] sie waren. Auch Georg Fein kritisierte einige ungenannte Klubs des Jungen Deutschland, da bei ihnen „das J. D. statt als Mittel nachgerade als Zweck betrachtet wird, daß man sich und die übrigen J. J. E. E. [Jungen Europäer; d. Verf.] als Repräsentanten der bestehenden Völker betrachtet, unsere verschiedenen Verbindungen für Völker-Verbindungen hält."[362] Fein warnte die angesprochenen Klubs davor, den „Haupt- und Endzweck"[363] der Verbindung aus dem Blick zu verlieren.

Durch propagandistische Arbeit, die Ausweitung des Vereinsnetzes nach Deutschland und die Beteiligung an einem Aufstandsversuch sollten die politischen Verhältnisse in Deutschland revolutionär umgestaltet werden. Hierin ist das Endziel des Jungen Deutschland zu verstehen, das mit der Selbstauflösung des Vereins verbunden ist. Damit wird ein deutlicher Unterschied zu anderen, mehr oder weniger stark an die Freimaurer anknüpfenden traditionellen geheimen Gesellschaften oder kryptopolitischen Vereinen evident, da diese sich entweder bewußt neben dem Staat organisierten oder den geheimen Verein an Stelle der gestürzten Macht instituieren wollten. An dieser Stelle sei lediglich auf Philippe Buonarotti verwiesen, die zentrale Figur der Charbonnerie, der nach einem Aufstand die Macht nicht abgeben wollte, sondern die Massen erst zu der neuen Gesellschaftsform erziehen wollte.[364] Die Bedeutung der Charbonnerie für den Bund der Geächteten ist bereits dargestellt worden. Zumindest der autoritäre, hierarchische Aufbau des deutschen Emigrantenbundes in Paris kann auf den Einfluß des französischen Geheimbundes zurückgeführt werden. Auch persönliche Kontakte von Führungsmitglie-

---

[360] Brief Scribas an Rauschenplat; o.O., 19.1.1835, StA Z, P 187.1 (2 C).
[361] Brief Scribas an Schüler; Lausanne, 28.5.1835, StA B, BB IX, 329, II, Nr. 1.
[362] Brief Feins an die Zürcher an Luzerner; Ende Januar 1836, NStA WF, 211 N, Nr. 39, fol. 28.
[363] Ebd.
[364] Vgl. Petra Weber, Sozialismus als Kulturbewegung. Frühsozialistische Arbeiterbewegung und das Entstehen zweier feindlicher Brüder Marxismus und Anarchismus, Düsseldorf 1989, S. 482.

dern des Bundes der Geächteten und Buonarotti lassen sich nachweisen.[365] Inwieweit der Bund der Geächteten auch die postrevolutionären Pläne Buonarottis übernahm, ist sicherlich noch der Klärung bedürftig. Eine ähnliche Auffassung wie die des Jungen Deutschland ist aber nicht anzunehmen. Schließlich widersprechen die hierarchischen Strukturen des Bundes der Geächteten einem derartigen demokratischen Vereinsverständnis.

Das Junge Deutschland unterscheidet sich auch von späteren Konzeptionen geheimer Gesellschaften. Beispielsweise entwickelte der Anarchist Michael Bakunin den Plan einer politischen, konspirativen und autoritären Organisation, die nach einer erfolgten Revolution weiterhin als „unsichtbare Diktatur" ohne Machtmittel agieren sollte.[366]

Im Gegensatz zu anderen Verbindungen, die die Vereinsform quasi zum höchsten Prinzip erklärt haben, war im Jungen Deutschland der Verein Mittel zum Zweck, der nach dem Erreichen des Endzieles aufgelöst werden sollte. Dieser Grundgedanke - das Aufgehen in einem größeren System - entsprach dem politischen Programm. Eine spätere absolute Herrschaft einer revolutionären Minderheit wäre nicht vereinbar mit den demokratischen Grundprinzipien des Vereins gewesen.

Wie illusorisch die Pläne auch waren und wie unausgeprägt das theoretische Konzept war, was nach einer Revolution geschehen sollte - die Auflösung als Vereinsprinzip ist Zeichen dafür, daß sich die demokratischen Traditionslinien in der Auffassung über die Form „Verein" konsequent niederschlugen. Die Untersuchung des Verständnisses über Zweck und Funktion der Form „Verein" im Jungen Deutschland offenbart außerdem, daß die Vereinsmitglieder eine eigenständige und abgegrenzte Organisationsform übereinstimmend mit der politischen Herkunft und Ausrichtung entwickeln konnten. Gemäß der Überzeugung, daß der Verein konvergent zu den politischen Zielen aufgebaut sein muß, konnte das Junge Deutschland darüber hinaus als eine demokratischen Institution etabliert werden, die den Mitgliedern ermöglichte, durch den regelmäßigen Umgang mit demokratischen Formen diese zu verinnerlichen. Das Arkanum diente dabei als Schutz der demokratischen Strukturen. Das Erlernen demokratischer Handlungsmuster ist auch in Hinsicht auf die schnelle Herausbildung der Parteien 1848 von Wichtigkeit.[367]

In diesem Kontext muß aber auch festgestellt werden, daß die elitären Strukturen, die gegenüber den Handwerkervereinen weiterhin aufrechterhalten

---

[365] Vgl. Schieder, S. 22.

[366] Vgl. Weber, S. 486ff.

[367] Vgl. Hardtwig, Strukturmerkmale und Entwicklungstendenzen, S. 39ff.; vgl. auch Dann, Die Anfänge politischer Vereinsbildung in Deutschland, S. 231f.

wurden, in auffallender Diskrepanz zu den sonstigen demokratischen Vereinsprinzipien standen. Außer einer sukzessiven und kontrollierten Aufnahme von Handwerkern in den engeren Kreis konnte keine Tendenz gegen die elitäre Abgrenzung ausgemacht werden. Es ist aber davon auszugehen, daß durch die vermehrte Teilnahme der aufgenommenen Handwerker an den Vereinssitzungen dieser Widerspruch früher oder später zur Konfrontation geführt hätte. Gleichwohl gewinnt die Gründung der Handwerkervereine durch die radikalen Intellektuellen trotz der Exklusivität des Jungen Deutschland für den folgenden Politisierungsprozeß der proletarischen Schichten an Bedeutung.[368] Die demokratischen Erfahrungen, die die Handwerker in den angegliederten kryptopolitischen oder bewußt politischen Handwerkervereinen gesammelt haben, wirkten sicherlich weiter. Dabei ist aber vor allem der langsame Beginn der „Ausdehnung der sozialen Basis"[369] der frühdemokratischen Bewegung im Jungen Deutschland auszumachen, die mit der Entwicklung des Vereinswesens in Deutschland zum Teil korrespondierte, zum Teil aber auch nicht Schritt hielt.[370] In keiner Weise deutet sich jedoch die Tendenz an, daß die vom Jungen Deutschland gelenkten Handwerkervereine oder die Aufnahme einiger ausgewählter Handwerker in das Jungen Deutschland als organisatorische Initiative einer abgegrenzten Arbeiterbewegung zu gelten haben.

Für diese Untersuchung ist vor allem entscheidend, daß die Vereinsmitglieder die noch vorhandenen elitären Strukturen nicht auf die Verhältnisse nach einer Revolution in Deutschland projizierten.

---

[368] Vgl. Nipperdey, Verein als soziale Struktur, S. 201f.
[369] Hardtwig, Strukturmerkmale und Entwicklungstendenzen, S. 44.
[370] Vgl. Hardtwig, Strukturmerkmale und Entwicklungstendenzen, S. 44f.

5. Die zweite Phase des Jungen Deutschland 1836-1845

Es fand bereits Erwähnung, daß der ersten Phase des Jungen Deutschland, als der Phase der Gründungssituation und des Aufbaus der Organisation, in dem sich die entscheidenden Prozesse abspielten, die das Junge Deutschland schließlich prägten, ein größeres Gewicht beigemessen wird als der darauffolgenden Phase.

In diesem zweiten Teil der Untersuchung über das Junge Deutschland in der Schweiz sollen daher lediglich die bisherigen Ergebnisse mit der Entwicklung während der zweiten Phase verglichen werden. Die Überprüfung, ob sich die ermittelten Merkmale des Jungen Deutschland auch nach 1836 nachweisen lassen, und die damit verbundene Frage nach der Kontinuität, erfordert ebenfalls eine kurze Darstellung des ereignisgeschichtlichen Ablaufs.

5.1 Historischer Überblick

Die zweite Phase mit dem Jahr 1836 zu beginnen, in dem der größte Teil der deutschen Emigranten aus der Schweiz flüchten mußte und das Junge Deutschland weitestgehend aufgelöst war, ist nur insofern begründbar, da die Vereine in den liberalen Kantonen Waadt und Genf von den Verfolgungen verschont blieben. In Genf und Lausanne konnte das Junge Deutschland weiterhin existieren, während das vernetzte Vereinssystem zerstört war.[371] Ernst Schüler, der nach mehrmonatiger Haft im Dezember 1836 freigesprochen werden mußte, lebte wieder in Biel, allerdings ohne politisch wieder hervorzutreten. Die Vereinsführer in Genf und Lausanne beschränkten sich auf die Arbeit in den Handwerkervereinen. Neben vereinzelten Hinweisen auf lokale Aktivitäten[372] und nachdem nach 1838 mehrere neue Handwerkervereine unabhängig vom Jungen Deutschland und mit dem Schwerpunkt in der Westschweiz ins Leben gerufen wurden,[373] kam es 1840 wieder zu einer Neugründung des Jungen Deutschland in Zürich.[374]

Der Klub des Jungen Deutschland in Genf gewann ab 1839 zunächst unter der Führung des Pfarrers Johann Heinrich Hochdörfer wieder an Einfluß. In seiner politischen Ausrichtung stand der Verein wiederum dem Jungen Deutschland der ersten Phase nahe. Ihm gegenüber stand eine Gruppe um den

---

[371] Vgl. Schieder, S. 66.
[372] Vgl. Gerlach, S. 157.
[373] Vgl. Brugger, S. 38f.
[374] Vgl. Schieder, S. 68.

Theologen Ludwig Weizel, die Organisatoren der ausdrücklich unpolitischen Handwerkerbildungsvereine. Im Laufe des Jahres gelang es Hochdörfer, den Handwerkerbildungsverein zu infiltrieren. Geprägt waren die ersten Gründungen vor allem durch den ideologischen Einfluß Johann Georg August Wirths,[375] dessen politische Lehre bereits durch den letzten Präsidenten der ersten Phase Ernst Schüler vertreten wurde.

Ab 1841 wirkten vor allem der Student Hermann Döleke und der Handwerker Julius Standau in dem Genfer Verein, der dadurch gänzlich übernommen wurde. Nachdem die Überreste des Jungen Deutschland bislang keine Initiative gezeigt hatten, den organisatorischen Aufbau voranzutreiben, kann die Abfassung neuer Statuten und die Einsetzung eines geheimen Führungsorgans durch Döleke als Initialzündung für den Wiederaufbau des Jungen Deutschland gewertet werden.[376]

Nachdem Wilhelm Weitling im Mai 1841 in der Schweiz ankam, um dort den Bund der Gerechten zu etablieren, konkurrierten am Genfer See drei verschiedene Gruppen um die dort arbeitenden deutschen Handwerker. Erstens die theologisch inspirierten Organisatoren. In Genf Ludwig Weizel und in Lausanne Friedrich Andreas Christian Grauff, die allerdings überall gegenüber den neuen politischen Organisatoren an Einfluß verloren. Zweitens die sich nun von Genf aus verstärkt organisierenden Führer des Jungen Deutschland um Hermann Döleke, Julius Standau und den im Jahre 1843 am Genfer See ankommenden Wilhelm Marr.[377] Schließlich die Gruppe um Wilhelm Weitling, zu denen in erster Linie August Becker und Simon Schmidt zählten, die Handwerker in Genf, La-Chaux-de-Fonds und vor allem in Lausanne in sogenannten „Kostanstalten" organisierten.[378]

Die Rivalität des Jungen Deutschland und des Bundes der Gerechten, die sich in einigen Städten in dem Kampf um die Majorität in dem jeweiligen Handwerkerverein äußerte, führte schließlich zur Spaltung der Handwerkerbildungsvereine in Genf, Lausanne, Morges und Vevey. Während in Lausanne

---

[375] Vgl. Schieder, S. 212ff.

[376] Vgl. Schieder, S. 72ff.

[377] Vgl. Wilhelm Marr, Das junge Deutschland in der Schweiz, Leipzig 1846; hier im Nachdruck: Glashütten 1976, S. 60ff. Die Darstellung Marrs der Entwicklung des Jungen Deutschland nach seiner Ankunft in Genf ist zwar sehr detailliert, doch neigt Marr an mehreren Stellen dazu, das Gewicht seiner Position zu stark zu betonen. Wilhelm Marr erlangte nach 1845 vor allem dadurch Bekanntheit, daß er 1879 den Begriff „Antisemitismus" zum politischen Schlagwort machte und mehrere antisemitische Schriften verfasste; vgl. Thomas Nipperdey, Reinhard Rürup, Art. „Antisemitismus", in: Otto Brunner u.a. (Hrsg.), Geschichtliche Grundbegriffe, Bd. 1, Stuttgart 1972, S. 129-153, hier: S. 137ff.

[378] Vgl. Marr, Das junge Deutschland, S. 108f.

die Mitglieder des Jungen Deutschland um Hermann Döleke ausschieden und einen neuen Verein gründeten, blieb der Handwerkerverein in Genf in jungdeutscher Hand. Dort wurden die Weitlingianer unter der Führung August Beckers ausgeschlossen, die ebenfalls einen neuen Verein gründeten. Eine vergleichbare Entwicklung wie in diesen beiden Städten, die als Zentren der politischen Agitation zu betrachten sind, gab es in nahezu jedem anderen Handwerkerverein der Westschweiz.[379] Einen entscheidenden Machtzuwachs konnte das Junge Deutschland 1843 durch die Vereinigung der von ihm dirigierten Handwerkervereine im Lemanbund gewinnen.

Hinzu kamen allerdings auch Polarisierungstendenzen innerhalb des Jungen Deutschland. Die sehr aktive deutsche Emigrantengruppe am Genfer See war vor allem durch Hermann Döleke und Wilhelm Marr junghegelianisch geprägt, was zu einer verstärkten Rivalität mit den ostschweizerischen Vereinen führte. Neben den junghegelianischen Einflüssen in den Vereinen am Genfer See hatte sich in der östlichen Schweiz nämlich ebenfalls eine Tendenz ergeben, die die Entwicklung der Organisation vorantrieb. Gelenkt wurde diese neue Initiative durch das frühere Mitglied des Jungen Deutschland Georg Fein, der von Straßburg aus in regelmäßigen Reisen die neuen Vereine besuchte und dadurch eine lockere Vernetzung aufbauen konnte. Bei einer Reise Georg Feins an den Genfer See im Jahre 1844 kulminierte dieser Gegensatz und führte zu einem offenen Bruch. Der Großteil der Vereine in der Westschweiz und der Verein in Bern blieben unter dem Einfluß Marrs und Dölekes. Der Genfer Verein schloß sich hingegen Fein und den Vereinen der Ostschweiz an. In der Folge konnte sich allerdings der von den Junghegelianern geführte Lemanbund bedeutend ausweiten. Die weitere Entwicklung wurde durch die erneuten polizeilichen Verfolgungen aber beendet.

Der nach 1840 einsetzende verstärkte Wiederaufbau des Jungen Deutschland ist also vor allem geprägt durch zwei Gegensätze. Zum einen die Gegnerschaft zu einem konkurrierenden Vereinssystem. Zum anderen ein innerer Gegensatz, der für diese Arbeit wichtiger erscheint, da er zu einer Polarisierung des Jungen Deutschland geführt hat. Beide Gegensätze haben die Entwicklung des Jungen Deutschland nicht nur beeinflußt, sie scheinen auch die Ausdehnung und Vernetzung des Vereinssystems gehemmt zu haben, da es nicht wieder in der Form wie vor 1836 aufgebaut werden konnte. Weiterhin erscheint bedeutsam, daß sich die wichtigen Prozesse in den Vereinen der Westschweiz ausschließlich in den Handwerkervereinen abzuspielen schienen. Zudem erweist sich die Westschweiz, genauer gesagt das Gebiet um den

---

[379] Vgl. Brugger, S. 97ff.; vgl. auch Gerlach S. 163f.

Genfer See, als das Zentrum politischer Organisation durch deutsche Emigranten nach 1840.

Das Junge Deutschland existierte bis 1845. In diesem Jahr wurden die Behörden durch eine polizeiliche Untersuchung auf die Organisation aufmerksam, was mit einer erneuten Vertreibung der Mitglieder aus der Schweiz endete.[380]

5.2 Der Aufbau der Organisation

Die Auflösung des Jungen Deutschland 1836 und die sich anschließende verschärfte Kontrolle der deutschen Flüchtlinge in der Schweiz hatte das wichtigste Strukturmerkmal, das weitverzweigte Vereinssystem, aufgebrochen. Wenn von Neugründungen des Jungen Deutschland nach 1836 die Rede war, handelte es sich dabei in erster Linie um Handwerkervereine. Diese Handwerkervereine wurden zwar ebenfalls durch deutsche Emigranten gegründet und gelenkt, es gibt aber keine Hinweise, daß die Emigranten nach dem Vorbild des älteren Jungen Deutschland wieder eine überregionale Vernetzung aufgebaut haben oder ein gewähltes Zentralkomitee besaßen. Anzunehmen ist, daß die Emigranten in ihrem geheimen Zirkel noch die Statuten des älteren Jungen Deutschland besaßen, da es aber keinen Versuch gab, die alten Vereinsstrukturen wieder aufzubauen,[381] ist diese Tatsache eher vor dem Hintergrund einer ideengeschichtlichen Traditionslinie in die 30er Jahre als einer organisatorischen zu werten. Bei der Neugestaltung wurde also kaum an die organisatorische Form des Jungen Deutschland vor 1836 angeknüpft. Die hauptsächliche Arbeit bestand in der politischen Propaganda in den Handwerkervereinen.[382]

Nachdem mehrere Klubs des Jungen Deutschland also unverbunden und nur lokal agierend bestanden, gibt die Initiative Hermann Dölekes im Jahre 1841, durch die Festlegung neuer Statuten und den Aufbau eines Vereinsnetzes das Junge Deutschland wieder auszuweiten, Hinweise auf ein mögliches Anknüpfen an die 1836 abrupt beendete Entwicklung des Jungen Deutschland. Die belegte Auseinandersetzung mit Wirths Schriften in den Vereinen der gesamten Schweiz kann jedenfalls als ideengeschichtlicher Anhaltspunkt die-

---

[380] Vgl. Schraepler, Handwerkerbünde und Arbeitervereine, S. 98f.; vgl. auch Favre, Lardy, S. 1ff.

[381] Marr erwähnt, daß die Statuten des Lausanner Vereins von 54 auf ungefähr 9 bis 10 Paragraphen gekürzt worden sind, was auf die alten Statuten des Jungen Deutschland verweist, die aus 58 Paragraphen bestanden; vgl. Marr, Das junge Deutschland, S. 206.

[382] Vgl. Brugger, S. 32ff.; Schraepler, Geheimbündelei und soziale Bewegung, S. 86.

nen, daß die demokratische Tradition des Vereins der ersten Phase weiterge-führt wurde.[383]

Bei der Betrachtung der Ausweitung des Vereinsnetzes in der Schweiz, die von Döleke intensiv betrieben wurde, ergeben sich ebenfalls Parallelen. Vom Zeitpunkt der Abfassung der Statuten bis zum Ende des Jungen Deutschland wuchs der geheime Verein auf mindestens 40 Mitglieder an.[384] Spätestens ab 1843 teilte sich das geheime Junge Deutschland in drei verschiedene regiona-le Sektionen: Die Section du Jura, die von Döleke geleitet wurde, die Section du Leman, geleitet von Wilhelm Marr, und die Section du Plateau unter der Führung von Julius Standau. In den drei Sektionen waren nach Marrs Darle-gung in insgesamt 31 Städten geheime Vereine des Jungen Deutschland.[385] Doch sind diese Angaben mit Vorsicht zu genießen, da Marr auch mehrfach Vereine aufführt, die im inneren Konflikt im Jungen Deutschland Stellung gegen Döleke und Marr bezogen und daher auch nicht unter deren Führung im Geheimbund oder in den einzelnen Sektionen standen. Von dem Zentrum Genf aus konnte Döleke mehrere Handwerkervereine infiltrieren. Der Le-manbund, der zunächst die Handwerkervereine am Genfer See zusammen-schloß, nahm schließlich auch Vereine aus der übrigen Schweiz auf, so daß Döleke in einem Brief an Georg Fein im Jahre 1843 von 17 Vereinen berich-ten konnte[386] und der Lemanbund bis 1845 auf 28 Vereine anwuchs.[387] Die Handwerkervereine waren in der Regel öffentlich und hatten behördlich ge-nehmigte Statuten. Auch bei dem Versuch, die Handwerkervereine zu beein-flussen, werden vergleichbare Formen offenbar, da die Führer des geheimen Jungen Deutschland darauf hinarbeiteten, daß bei Wahlen in den Handwer-kervereinen Mitglieder des geheimen Vereins in den Vorstand gelangten, um so den Einfluß auf die Handwerker zu verstärken.[388] Im Gegensatz zum älte-ren Jungen Deutschland war in den neuen Statuten der Bund sogar beauftragt, dafür zu sorgen, „daß in jedem der in der Schweiz bestehenden Handwerker-vereine sich immer wenigstens ein Bundesmitglied befindet."[389] Daran läßt sich aber auch eine weitere Analogie zur ersten Vereinsorganisation feststel-len: Die Abgrenzung der Handwerker von einem elitären Führungskreis.

---

[383] Vgl. Schieder, S. 218ff.

[384] Vgl. Favre, Lardy, S. 65ff.

[385] Vgl. Marr, Das junge Deutschland, S. 204ff.

[386] Brief Dölekes an Fein; Lausanne, 7.4.1843; abgedruckt bei: Favre, Lardy, S. 31.

[387] Vgl. Favre, Lardy, S. 34.

[388] Vgl. Gerlach, S. 161f.

[389] § 3 der Statuten der geheimen Propaganda; abgedruckt bei: Favre, Lardy, S. 4.

Nach den „Statuten der geheimen Propaganda" war der Bund „seiner Natur nach ein geheimer, seinem Wesen nach eine politische Propaganda,"[390] womit eine weitere prinzipielle Entsprechung zu dem älteren Jungen Deutschland augenscheinlich wird. Unterzieht man aber das zweite wichtige Strukturmerkmal, welches bei der Untersuchung des älteren Jungen Deutschland neben der weitverzweigten Ausbreitung hervortrat, nämlich die ausgeprägten demokratischen Vereinsstrukturen, einer näheren Untersuchung, zeigen sich andere Ergebnisse. Nach den Statuten wurden die Filialen des Vereins in den einzelnen Städten „Familien" genannt. Zwar war die vierteljährliche Wahl eines „Sprechers" für eine „Familie" vorgesehen,[391] doch gab es keine demokratische Wahl der zentralen Vereinsleitung. Lediglich gibt der Paragraph 13 Auskunft über die Modalitäten seiner Bildung. Demnach sollte das „Central-Geschäftsbüreau (...) durch Übereinkunft an dem Orte, wo sich solche Mitglieder befinden, welche der Leitung desselben am besten vorstehen können"[392] bestehen. Diese Bestimmung deutet auf eine elitäre Vereinsführung hin, wobei davon ausgegangen wurde, daß die Besten dem Verein vorstehen sollten und nicht gewählt werden müßten. Ebenfalls fehlte in den Statuten ein vergleichbarer detaillierter Vorschriftenkatalog für Klagen. Besonders auffallend wird die Divergenz zwischen dem älteren und dem jüngeren Jungen Deutschland bei der Aufnahme neuer Mitglieder. Während die Statuten von 1841 noch das Ehrenwort für ausreichend hielten,[393] wurde nach dem Eintritt Marrs 1843 ein kryptisches Aufnahmeverfahren praktiziert. Geeignete Kandidaten für einen Beitritt wurden nicht mehr angesprochen, sondern im Gespräch dahin gelenkt, einem geheimen Verein beitreten zu wollen. Um die innere Anspannung der Person zu erhöhen, wurde er mit verbundenen Augen zu einer Versammlung geführt, die ihn mit einem umfangreichen und verwirrenden Fragenkatalog konfrontierte.[394] Dieses ritualisierte und geheimbündlerische Aufnahmezeremoniell war nach Marr „theils von den Illumnaten, theils von den Carbonaris"[395] entnommen. Auch wußten selbst die geheimen Familien des Vereins und das Central-Geschäftsbüreau nichts von dem letzten Grad, der „als unsichtbarer Lenker des ganzen Bundes"[396] aus Marr, Standau und Döleke in den genannten Sektionen bestand und „in welchen Niemand

---

[390] § 2 der Statuten, S. 4.
[391] Vgl. § 5 der Statuten, S. 4f.
[392] § 13 der Statuten, S. 5.
[393] Vgl. §§ 7 und 8 der Statuten, S. 5.
[394] Vgl. Marr, Das junge Deutschland, S. 182ff.
[395] Marr, Das junge Deutschland, S. 184.
[396] Marr, Das junge Deutschland, S. 190.

aufgenommen werden konnte, als, durch unsern einstimmigen und widerspruchslosen Willen."[397]
Die demokratischen Vereinsstrukturen konnten als ein wesentlicher Bestandteil der ersten Phase herausgearbeitet werden, die gleichermaßen Ausdruck der politischen Überzeugung des Vereins waren. Der hierarchische und undemokratische Aufbau des Jungen Deutschland nach 1841, der sich sogar noch ausdrücklich an Vorbildern orientierte, die im völligen Gegensatz zum Aufbau des älteren Jungen Deutschland standen, deutet darauf hin, daß es sich nicht um eine Anknüpfung und Weiterentwicklung handelte, sondern in mancherlei Hinsicht einen völlig neuen Organisationsaufbau darstellte. Bestätigt wird diese Beobachtung durch die Aussage eines Handwerkers, der klar zwischen einem älteren und einem jüngeren Jungen Deutschland unterschied: „Diese Association sei etwas Anderes, als die Klubbs des Jungen Deutschlands, auch etwas Anderes, als der Lemanbund, es sei dieß das eigentliche Junge Deutschland."[398] Marr unterstreicht diese Differenzierung in seiner Version der Herkunft des Begriffes: „Das Wort ‚jungdeutsch' ist ein Prädikat, welches uns die Communisten beilegten. So sehr wir auch anfangs dagegen protestierten, so nahmen wir endlich, gewissermaßen aus Trotz, den Namen - freilich nicht officiell - an."[399] Weiter erklärt er, daß man diesen „Titel jedoch nicht im bisherigen Sinne gebrauchen kann."[400]
Der Beginn dieser strikten Abgrenzung des jüngeren von dem älteren Verein, die sich offensichtlich im inneren Aufbau der Organisation widerspiegelte, ist allerdings nicht völlig zeitgleich mit dem verstärkten Neuaufbau der Organisation zu setzen. Noch im April 1843 hatte Hermann Döleke, der den Ausbau des Jungen Deutschland in der Westschweiz initiiert hatte, Georg Fein aufgefordert, an den Genfer See zu kommen und sich für den Verein zu engagieren.[401] Als Fein im Herbst 1844 schließlich in die Westschweiz reiste, kam es zu heftigen Auseinandersetzungen mit Döleke, Marr und Standau, die sowohl den organisatorischen Aufbau des Vereins als auch die politische Ausrichtung betrafen. Zwischen Frühjahr 1843 und Herbst 1844 scheint also ein grundlegender Wandel in der Organisation stattgefunden zu haben, der bislang mit dem Auftreten Wilhelm Marrs begründet wurde.[402]

---

[397] Ebd.

[398] Verhör mit dem Handwerker Christian Andreas Heitmann; abgedruckt bei: Favre, Lardy, S. 8.

[399] Marr, Das junge Deutschland, Anm., S. 139.

[400] Marr, Das junge Deutschland, Anm., S. 140.

[401] Vgl. Brief Dölekes an Fein; Lausanne, 7.4.1843; abgedruckt bei: Favre, Lardy, S. 30ff.

[402] Vgl. Schraepler, Handwerkerbünde und Arbeitervereine, S. 94ff.

Es bleibt die Frage zu klären, warum sich die Vereine der Ostschweiz vor oder während der Auseinandersetzung mit dem Jungen Deutschland der Westschweiz nicht fester organisiert hatten, zumal sich eine personelle Kontinuität durch den engen Kontakt mit Georg Fein ergeben hatte. Als Erklärung kann zum einen die staatliche Kontrolle in den Städten der deutschsprachigen Schweiz gelten, die sehr viel strenger als im französischsprachigen Teil war. Zum anderen war der Großteil der Mitglieder des älteren Jungen Deutschland nun in Paris oder London politisch aktiv. Georg Fein, der die Vereine wenigstens durch regelmäßige Besuche locker miteinander verband, hatte zudem 1836 die Schweiz mit dem Gedanken verlassen, auch von „gescheiterten lieben Entwürfen und Plänen"[403] Abschied zu nehmen. Damit meinte er vor allem den Versuch, durch einen Verein auf Deutschland einwirken zu können, sei es durch Propaganda, sei es durch direkte Insurrektion. Die politische Arbeit sollte sich auf die Bildungsarbeit in den Handwerkervereinen konzentrieren, da „ohne vorgängige geistige und sittliche Ausbildung an eine Verbesserung der gegenwärtigen Lage der Arbeiter nicht zu denken sei."[404]

Für die zweite Phase des Jungen Deutschland ergibt sich vorerst eine Situation, in der sich nach 1843 zwei Flügel bildeten, die sich immer feindlicher gegenüberstanden - einerseits ein sich wiederaufbauendes Vereinssystem mit dem Schwerpunkt in der Westschweiz, das mit dem älteren Jungen Deutschland lediglich den Namen und die Tendenz zur Ausweitung teilte, andererseits mehrere vereinzelte Klubs des Jungen Deutschland, die nicht fester organisiert waren und sich dem Einfluß der neuen Vereinsorganisation sperrten. Die Gründe für diese Polarisierung werden bei der Betrachtung der politischen Richtungskämpfe deutlich.

5.3 Politische Richtungskämpfe

Von 1839 bis 1842 waren die Mitglieder des Jungen Deutschland vor allem durch die Schriften Johann Georg August Wirths beeinflußt. Zunächst durch die von Wirth herausgegebene Zeitung „Deutsche Volkshalle", die zuerst in Konstanz erschien und seit dem 1. September 1839 auf schweizerischem Ge-

---

[403] Brief Feins an Friederike Fein; Paris, 3.9.1836, NStA WF, 211 N, Nr. 15, fol. 446.
[404] Vorträge über neueste deutsche Geschichte von Georg Fein, NStA WF, 211 N, Nr. 81, fol. 42f.

biet gedruckt wurde.[405] Diese Zeitung und die 1841 erschienene Schrift „Die politisch-reformatorische Richtung der Deutschen im XVI. und XIX. Jahrhundert" entwickelten sich zu „Evangelien des ‚Jungen Deutschland'."[406] Die demokratischen und nationalen Forderungen, kombiniert mit einer konstruierten Begründung aus der deutschen Geschichte, waren auch von Ernst Schüler rezipiert worden.[407] Ebenfalls erhoffte sich Wirth mit der Durchsetzung seiner politischen Forderungen eine Lösung des Pauperproblems. Er ergänzte sein politisches Programm allerdings auch mit konkreten sozialpolitischen Reformvorschlägen.[408] Um 1842 schwand der Einfluß Wirths unter den deutschen Flüchtlingen und Handwerksgesellen allmählich. Während ein persönliches Wirken Wirths in den Vereinen des Jungen Deutschland nicht nachgewiesen werden kann, besuchte Georg Fein während mehrerer Reisen durch die Schweiz in den Jahren 1841 und 1842 die Handwerkervereine, um dort quasi als „Veteran" der Bewegung Reden zu halten. Feins Wirken beschränkte sich aber nicht auf die Schweiz. In den 40er Jahren hielt er regelmäßigen Kontakt zu Flüchtlings- und Handwerkervereinen in Frankreich, vor allem in Paris und Straßburg, in England und Norwegen. Seine politische Auffassung, die für die Vereine in der Schweiz Anfang der 40er Jahre nachweislich bedeutsam war, wurde bislang als ausschließlich deutschtümelnd nationaldemokratisch umschrieben, womit man der Person Georg Fein allerdings in keiner Weise gerecht wird. Zum einen wird Fein ein „Wartburg Teutonismus"[409] und die Bekämpfung sozialer Tendenzen zugeschrieben.[410] Im Kontext seines Einflusses auf das Junge Deutschland nach 1836 wird er zudem dafür verantwortlich gemacht, daß Wirths „Ansätze eines sozialen Radikalismus wieder zunichte"[411] gemacht wurden. Demgegenüber steht die aus der Bearbei-

---

[405] Vgl. Hans Gustav Keller, Die politischen Verlagsanstalten und Druckereien in der Schweiz 1840-1848. Ihre Bedeutung für die Vorgeschichte der Deutschen Revolution von 1848, Bern 1935, S. 37ff.

[406] Schieder, S. 212.

[407] Siehe Kap. 4.3.3, S. 76f.; vgl. Johann Georg August Wirth, Die politisch-reformatorische Richtung der Deutschen im XVI. und XIX. Jhdt. Ein Beitrag zur Zeitgeschichte, Konstanz 1841, S. 49ff.

[408] Vgl. hierzu Schieder, S. 216f.

[409] Thomas Michael Mayer, Über den Alltag und die Parteiungen des Exils. Anläßlich von Büchners Briefen an Braubach und Geilfus, in: Erika Gillmann u.a. (Hrsg.), Georg Büchner an „Hund" und „Kater". Unbekannte Briefe des Exils, Marburg 1993, S. 41-146, hier: S. 78.

[410] Vgl. Mayer, S. 53f.; Mayer folgt in seiner Beurteilung allzu unkritisch den Ausführungen Büchners, ohne diese zu hinterfragen. Gleichwohl muß Mayer zugeben, den von ihm benutzten Nachlaß Feins „nicht annähernd vollständig zu kennen"; Mayer, Anm. 72, S. 54.

[411] Schieder, S. 220.

tung seines umfangreichen Nachlasses gewonnene Einschätzung, daß Fein neben seinem primären Ziel, der Errichtung einer nationalstaatlichen deutschen Republik, auch durchaus sozialreformerische Ansichten vertrat.[412] Selbstverständlich kann im Rahmen dieser Arbeit das Bild Feins nicht vollständig beleuchtet werden, doch können die folgenden Ausführungen zumindest einen Teil dazu beitragen.

Bevor der Gegensatz innerhalb des Jungen Deutschland aufbrach, kam es zu den Richtungskämpfen mit den Mitgliedern der Handwerkervereine um Weitling am Genfer See. Ein Grund für die Einschätzung, Fein würde sich gegen soziale Tendenzen wenden, ist sicherlich in seiner ausgeprägten Gegnerschaft gegenüber den frühkommunistischen Bestrebungen auszumachen. Die Vereine der Handwerker vor vermeintlich gefährlichen Ideen zu warnen, bildete einen wesentlichen Bestandteil seiner politischen Arbeit in den 40er Jahren. Anfang 1842 wollte er nach Paris reisen, „um die dortigen deutschen Patrioten unter den Arbeitern theils vor den gekünstelten geheimen Gesellschaften, theils vor den socialen Träumereien zu warnen."[413] Bereits im Jahre 1840 reiste Fein durch die Schweiz und hielt sowohl in den Handwerkervereinen als auch in den engeren geheimen Kreisen der Flüchtlinge Reden, in denen er vor allem die Gütergemeinschaft angriff.[414] Indessen kritisierte Fein Weitling nicht nur, sondern versuchte sich auch mit ihm auseinanderzusetzen. In einen Brief an Weitling schrieb er: „Man kann aus einer einmal bestehenden bürgerlichen Gesellschaft, nicht alles machen, was man wünscht, selbst wenn es an und für sich nur recht und zweckmäßig wäre."[415] Für Fein bestand durchaus noch die Möglichkeit einer Annäherung beider Gruppen. Diese Annäherung bestand für Fein aber eher darin, die Frühkommunisten eines Besseren zu belehren, um geeint das gemeinsame Ziel zu verfolgen, denn seiner Ansicht nach hatten beide Gruppen durchaus die gleiche Intention, nämlich „durch Vertreibung der Fürsten Deutschland zu Einem Reiche zu vereinigen und durch freie Wahl der Bürger eine Reichs-Versammlung zu berufen, die das beste des Vaterlandes berathen und durchsetzen kann."[416] Für Fein stand die Lösung sozialer Probleme immer noch im ausschließlichen Kontext politischer Veränderungen: „Aber der Armuth und dem Elend kann und muß ge-

---

[412] Vgl. Lent, S. 86.

[413] Brief Feins an Hermann von Rauschenplat; Neues Bad bei Basel, 3.10.1841, NStA WF, 211 N, Nr. 58, fol. 60.

[414] Vgl. Tagebucheinträge einer Reise nach Genf und Lausanne vom September und Oktober 1840, NStA WF, 211 N, Nr. 59, fol. 13ff.

[415] Brief Feins an Wilhelm Weitling; Straßburg, 25./26.1.1842, NStA WF, 211 N, Nr. 60, fol. 13.

[416] Brief Feins an Weitling, fol. 14.

steuert werden, ohne darum eine weder mögliche noch wünschenswerthe Gü-ter-Gemeinschaft einzuführen."[417]
Fein schloß die soziale Frage nicht grundsätzlich aus seinen Forderungen aus. In der Auseinandersetzung mit Weitling in der Schweiz war er auch gewissermaßen gezwungen, der Idee der Gütergemeinschaft eine adäquate Antwort entgegensetzen zu können. Seiner Meinung nach waren „wirklich nützliche Assoziationen, die den Übergang zur Durchführung der socialen Ideen zu bahnen scheinen, (...), gerade der beste Schutz gegen diesen Wahnsinn."[418] Konkretere Vorschläge konnte Fein nicht vorbringen, womit konstatiert werden muß, daß er an das soziale Programm Wirths nicht anschließen konnte. Die hier aufgeführten Äußerungen Feins erhalten gerade deshalb besondere Bedeutung, da sie aus den Jahren 1841 und 1842 stammten, dem Zeitraum also, in dem sich die noch gleichermaßen von Jungdeutschen und Kommunisten besuchten Handwerkervereine spalteten. Es ist davon auszugehen, daß sie in etwa die Meinung des Jungen Deutschland zu dieser Zeit widerspiegelten.

Johann Heinrich Hochdörfer, der den Verein in Genf leitete, teilte einerseits die demokratische Überzeugung Wirths und Feins, andererseits kommt in seinen Schriften vor allem sittlich-moralischen Grundsätzen eine hervorgehobene Stellung zu. Überhaupt erhoffte sich der Pfarrer Hochdörfer von einer Verbindung Moral und Politik auch eine Linderung der Armut. Aus christlich-moralischer Motivation heraus sollte der Staat dafür Sorge tragen, „die antisocialen Leidenschaften auszurotten."[419] Dabei schränkte Hochdörfer auch liberale Forderungen ein, indem der Staat die Freiheit des Bürgers zugunsten eines moralischen Gesetzes beschneiden sollte. Als praktische Mittel, die der Staat zur Linderung der Armut anwenden sollte, schwebten Hochdörfer die Einrichtung von „Arbeitshäusern" zur Verpflegung und Bildung von Bedürftigen vor, aber auch die staatliche Kontrolle angemessener Arbeitslöhne.[420] Mit seinen Forderungen, die auf der Grundlage eines demokratischen Staates durchgesetzt werden sollten, erweisen sich Hochdörfers und Wirths Programme als vergleichbar. Hochdörfer bezog auch Stellung gegen die Gütergemeinschaft, da er das Recht auf Eigentum als grundlegend formulierte.

Vorerst kann für das Junge Deutschland in der Zeit von 1836 bis 1842 festgehalten werden, daß seine politische Ausrichtung an das ältere Junge

---

[417] Brief Feins an Weitling, fol. 15.
[418] Brief Feins an Rauschenplat, NStA WF, 211 N, Nr. 58, fol. 61.
[419] J. H. Hochdörfer, Ueber die Abschaffung der Todesstrafe; im Auszug abgedruckt bei: Ruckhäberle (Hrsg.), Bildung und Organisation, S. 141-153, hier: S. 142.
[420] Vgl. Hochdörfer, S. 143ff.

Deutschland anknüpfte bzw. sich darauf aufbauend weiterentwickelte. Die Apologeten des Vereins, direkt oder indirekt daran teilnehmend, öffneten sich dabei zunehmend konkret sozialen Fragestellungen.

Eine neue Entwicklung entstand durch das Auftreten von Hermann Döleke und Julius Standau zunächst nicht. Es ist bereits beschrieben wurden, daß Döleke noch im April 1843 Georg Fein nahelegte, in seinem Verein zu wirken. Die junghegelianische Überzeugung Dölekes hatte zu dieser Zeit noch keine polarisierenden Auswirkungen. Das Wirken der westschweizerischen Vereine konzentrierte sich auf die Gegnerschaft zu den Vereinen Weitlings, was sich in der Gründung des Lemanbundes und dem Neuaufbau eines geheimen Organisationsnetzes durch Döleke, Julius Standau und seit Sommer 1843 durch Wilhelm Marr ausdrückte. Die Konfrontation mit dem konkurrierenden Vereinssystem der Frühkommunisten entwickelte sich von einer grundsätzlichen politischen Auseinandersetzung, wie sie bei Fein in der Auffassung zu finden ist, daß es sich im Grunde genommen um zwei Flügel der gleichen Bewegung handelte, zum politischen Kampf. Das Ziel Marrs, „in der Schweiz [zu] herrschen"[421], drückt gleichsam das vordringlichste Ziel des Jungen Deutschland aus und auch die hemmende Wirkung, die dieser Kampf auf die eigene Entwicklung hatte.

Die drei neuen Führer des Jungen Deutschland gaben sowohl dem geheimen Verein, als auch den angegliederten Handwerkervereinen eine atheistische, junghegelianische Ausprägung. In der Auseinandersetzung mit den Weitlingianern, die vor allem einen religiös gefärbten Sozialismus vertraten, bekam die neue atheistische Komponente beim Jungen Deutschland eine besondere Bedeutung.

In der Bibliothek der Handwerkervereine - eine Art Indikator für die politische Richtung des Vereins - fanden sich auch in erster Linie atheistische und junghegelianische Werke. Ludwig Feuerbach, David Friedrich Strauß und Bruno Bauer wurden gelesen, und Marr gab eine eigens für Handwerker vereinfachte Ausgabe von Feuerbachs „Die Religion der Zukunft" heraus.[422]

Bereits 1842 hatte Döleke in einem Brief an Standau die Errungenschaften der Französischen Revolution gewürdigt und außerdem die „Fleischwerdung

---

[421] Marr, Das junge Deutschland, S. 247.

[422] Vgl. W. Marr, Die Religion der Zukunft von Friedrich Feuerbach. Für Leser aus dem Volke bearbeitet und zugänglich gemacht, Lausanne 1844; abgedruckt bei: Ruckhäberle (Hrsg.), Bildung und Organisation, S. 469-481; zum Bibliotheksbestand des Vereins von La-Chaux-de-Fonds, vgl. Favre, Lardy, S. 55ff.; allgemein zu den in den Vereinen verbreiteten Büchern vgl. Ruckhäberle (Hrsg.), Bildung und Organisation, S. 518ff.

des Gedankens"[423] gefordert, was eine unmittelbare Nähe zu junghegelianischem Gedankengut bedeutete. Weiterhin erklärte er: „Bei mir ist Politik das Leben der Völker, die Organisation der Gesellschaft nur ein Ausfluss."[424] Dölekes Bekenntnis verweist auf die weitere politische Entwicklung der junghegelianisch beeinflußten Vereine, die sich in einer starken Radikalisierung bemerkbar machte, aber auch in einer Vernachlässigung des organisatorischen Aufbaus des erstrebten politischen Systems. Nachdem Marr in den westschweizerischen Vereinen zu wirken begann, entfernte man sich immer mehr von den demokratischen Zielen des älteren Jungen Deutschland. Dagegen gewannen anarchistische Ansätze eine immer größere Bedeutung. Marr forderte die „Vernichtung aller herrschenden Begriffe von Religion, Staat und Gesellschaft."[425]

Einerseits versuchte man sich klar von den Weitlingianern abzugrenzen. Andererseits verloren aber auch nationale Forderungen an Gewicht, so daß auch die Vertreter des älteren Jungen Deutschland zunehmend zum politischen Gegner wurden. Diese Auseinandersetzung innerhalb des Jungen Deutschland, die sich aufgrund der neuen Ausrichtung ergab, trat am deutlichsten während des Besuches Georg Feins in den Vereinen der Westschweiz auf. Nach Marrs Meinung war Fein zwar Republikaner, aber von einer „Gamaschenromantik"[426] beseelt. Der Streit zwischen Fein auf der einen und Marr und Döleke auf der anderen Seite entzündete sich in erster Linie an dem Vorwurf, Fein würde mit seinen Vorschlägen, z. B. Ehrensammlungen für Georg Seidensticker zu veranstalten, dem „Constitutionalismus" huldigen, nicht mehr auf der Höhe der Zeit stehen und der Bewegung dadurch schaden.[427] Fein verwahrte sich gegen den Vorwurf, vom Konstitutionalismus begeistert zu sein, und hielt die von ihm vorgeschlagenen Sammlungen für radikal, wenn nicht revolutionär.[428] Wiederum erklärte Fein atheistische Lehren als unnütz für die Handwerker. Er hielt Marr entgegen, daß „dergleichen Diskussionen über Gott, Unsterblichkeit (...) eben so wenig unsere Zwecke, als die communistischen Träumereien"[429] fördern können. In den meisten Handwerkervereinen und Familien des Jungen Deutschland am Genfer See war

---

[423] Brief Dölekes an Standau; Morges, 28.7.1842; abgedruckt bei: Brugger, S. 131.

[424] Brief Dölekes an Standau, S. 130.

[425] Marr, Das junge Deutschland, S. 135.

[426] Marr, Das junge Deutschland, S. 226.

[427] Vgl. Brief Dölekes an Marr; La-Chaux-de-Fonds, 11.10.1844; abgedruckt bei: Marr, Das junge Deutschland, S. 230f.

[428] Vgl. Brief Feins an Marr; Vevey, 7.11.1844; abgedruckt bei: Marr, Das junge Deutschland, S. 255.

[429] Brief Feins an Marr, S. 256.

Fein auf Unverständnis gestoßen. Nur in Genf fand Fein Zustimmung, wo es - so Marr -vorher einige Mühe gekostet hatte „das alte jungdeutsche Element hier auszurotten."[430] Ebenfalls blieben die meisten Vereine der Ostschweiz auf der Seite Feins. Nach Marr hatte Fein auch in Zürich „den Karren wieder bis Anno Hambach zurückgeschoben."[431] Ebenfalls blieben sicherlich auch Basel und Straßburg von dem neueren Jungen Deutschland unbeeinflußt.

Bezüglich der politischen Ausrichtung des Jungen Deutschland kann zum einen eine Kontinuität zum politischen Denken der frühdemokratischen Bewegung des älteren Jungen Deutschland bis 1842 festgestellt werden. Zum anderen entwickelte sich vor dem Hintergrund des Aufbaus einer neuen Vereinsorganisation in der Westschweiz durch die Junghegelianer eine neue politische Richtung. Das neue Vereinssystem schloß sich nicht nur den Weitlingianern gegenüber entschieden ab, sondern versuchte auch, alle „altdeutschen" Elemente auszumerzen, die für sie z. B. durch Georg Fein repräsentiert wurden. Damit war aber ebenso verbunden, daß man sich jedem Anhänger der frühdemokratischen Bewegung verschloß, der sich nicht zu der neuen politischen Richtung bekannte. Es ist demnach im Jungen Deutschland, das sich unter junghegelianischem Einfluß befand, keine kontinuierliche Entwicklung einer demokratischen Bewegung auszumachen. Vielmehr tritt ein neuer Verein auf, der sich sowohl von seinem organisatorischen Aufbau als auch hinsichtlich der programmatischen Forderungen deutlich von der älteren Vereinsbewegung unterscheidet.

Für die vielschichtige Theorie der Junghegelianer kann die junghegelianische Ausprägung im Jungen Deutschland nicht repräsentativ sein. Generell kann man davon ausgehen, daß die Auseinandersetzung mit der junghegelianischen Strömung sowohl die sich entwickelnde demokratische Bewegung als auch die marxistische Lehre prägte.[432] Von daher ist die Ausrichtung des Jungen Deutschland in der Westschweiz auch Merkmal einer neuen Komponente des demokratischen Denkens. Die Entwicklung einer abgegrenzten junghegelianischen Vereinsorganisation ist freilich nur unter den spezifischen Umständen in der Emigration möglich gewesen und in dieser Form als episodisch zu betrachten.[433]

Zudem hemmte der Kampf mit dem konkurrierenden Vereinssystem Weitlings auch die Ausdehnung des eigenen Vereins, während die Abschottung gegenüber der älteren Gruppe der Jungdeutschen auch zur Abgrenzung be-

---

[430] Marr, Das junge Deutschland, S. 207.
[431] Marr, Das junge Deutschland, S. 212f.
[432] Vgl. Hardtwig, Vormärz, S. 146.
[433] Vgl. Gerlach, S. 162.

stimmter demokratischer Elemente führte, was sicherlich auch Grund für die undemokratische, geheimbündlerische und zum Teil streng-autoritäre Vereinsstruktur gewesen ist. Die zweijährige Geschichte des Jungen Deutschland unter junghegelianischem Einfluß bildet daher nur eine Episode.

5.4 Zum Vereinsverständnis

Da sich die politische Arbeit der Emigranten nach 1836 vor allem in den Handwerkervereinen abspielte[434] und die Vereinsführer kein Vereinsnetz nach dem älteren Vorbild aufbauten, sind die Überlegungen über das Vereinsprinzip marginal und konzentrierten sich auf den Bildungsverein für Handwerker. Zu den wenigen publizierten oder überhaupt entstandenen programmatischen Äußerungen über diese Fragen nach 1836 zählt die bereits näher betrachtete Schrift des Pfarrers Hochdörfer, der in Genf wirkte. Hochdörfer sah die Existenz von partikularen Vereinen als überflüssig an, wenn „der Staat selbst sich nicht als die Gesamt-Association dafür erkennt und seine ganze Kraft ausschließlich darauf verwendet."[435] Wie bei Ernst Schüler hatte der Verein in Hochdörfers Denken einen tieferen Sinngehalt. Hochdörfer projizierte ebenfalls den Verein als umfassendes Prinzip auf das spätere Staatssystem. Im Gegensatz zu den Vereinsführern des älteren Jungen Deutschland war für Hochdörfer aber die Bildungsfunktion des Vereins von zentraler Bedeutung. Nicht die demokratischen Strukturen und Umgangsformen sollten in dem Verein vorgelebt werden, sondern das pädagogische Element sollte Vorbild für den zukünftigen Staat sein. Nach Hochdörfers Vorstellung sollte der Staat die Funktion des Bildungsvereins übernehmen - eine „Menschenbildungsanstalt"[436] werden. Die praktische Staatspädagogik, geleitet von christlich-moralischen Grundsätzen, war für Hochdörfer weit wichtiger als die formale Ausgestaltung des zukünftigen Staates. Folglich fehlen Überlegungen zu einem demokratischen Vereinsprinzip, wie im älteren Jungen Deutschland.

Auch der Emigrant Georg Fein schien mit den alten Prinzipien gebrochen zu haben. An den neuen Statuten der jungdeutschen Vereine der Westschweiz kritisierte er daher vor allem die „weitläufigen und gefährlichen Bestimmungen (z.B. den Verkehr und die Korrespondenz mit Deutschland betreffend), derentwegen die frühere Familie im Jahre 1835 und 36 so gar nichts wirkte

---

[434] Vgl. Schraepler, Geheimbündelei und soziale Bewegung, S. 86.

[435] Vgl. Hochdörfer, S. 142.

[436] Hochdörfer, S. 142.

und nur sich und andere in ein unnützes Verderben stürzte."[437] Feins Äußerungen zeigen, daß er sogar die direkte Propaganda nach Deutschland ablehnte. Die Vereinsführer hatten sich mittlerweile auf eine längere Emigrationszeit eingestellt und legten das Gewicht auf die Bildungsarbeit in den Handwerkervereine in der Schweiz, wie es auch bei Hochdörfer zu erkennen war.

Das erneuerte Junge Deutschland am Genfer See richtete in den Handwerkervereinen einen demokratischen Aufbau ein, z. B. in Form eines regelmäßig zu wählenden Vorstandes in den einzelnen Vereinen wie auch im Lemanbund, der mit dem älteren Jungen Deutschland durchaus vergleichbar ist. Für Wilhelm Marr war der Lemanbund „ein kleiner demokratischer Staat."[438] Während dieser Standpunkt den Auffassungen der Jungdeutschen der ersten Phase über das Vereinsprinzip entspricht, war der erneuerte Geheimbund des Jungen Deutschland weit davon entfernt, Vorbild eines demokratischen Staates zu sein. Marr lobte zwar die durch Döleke aufgebauten „Familien" wegen ihrer demokratischen Einrichtungen.[439] Die Installierung einer verdeckten obersten Leitung und das mystische Aufnahmezeremoniell der „Familien" stand diesen Institutionen aber diametral gegenüber. Marr hielt es für zweckmäßig für sein Ziel, „ganz Deutschland mit dem Netz der Propaganda zu überziehen"[440], den einzelnen im geheimen agierenden Familien des Jungen Deutschland die Existenz der obersten Leitung zu verschweigen. Marr begründet diesen leitenden Geheimbund mit einer Sicherheitsvorkehrung bei einer Entdeckung durch die Behörden. Warum dafür eine doppelte Geheimhaltung notwendig gewesen war, geht aus seinen Erläuterungen allerdings nicht hervor. Sie kann aber dahin interpretiert werden, daß die vier aktivsten Mitglieder für sich eine elitäre Führungsposition schaffen wollten, die demokratischen Zugriffsmöglichkeiten entzogen war.

Dadurch wird ein wichtiger Unterschied zum älteren Jungen Deutschland evident, da dieses auch das oberste Führungsorgan zur demokratischen Wahl stellte. Da das junghegelianisch geprägte Junge Deutschland auch der Frage, wie der künftige Staat zu gestalten sei, keine große Bedeutung zukommen ließ, galt dies ebenso für den eigenen Organisationsaufbau. Die Einsetzung eines totalitären Führungsgremiums macht zudem die demokratischen Gestaltungsmöglichkeiten der unteren Ebenen obsolet, da sie von den wichtigen Entscheidungen ausgeschlossen waren.

---

[437] Brief Feins an Marr; Vevey, 7.11.1844, S. 261.
[438] Marr, Das junge Deutschland, S. 106.
[439] Vgl. Marr, Das junge Deutschland, S. 121.
[440] Marr, Das junge Deutschland, S. 325f.

Die Untersuchung hat gezeigt, daß sich das neuere Junge Deutschland in entscheidenden Merkmalen von der älteren Organisation unterscheidet. Es stellt sich vielmehr als eine neue Organisationsform dar, die sich lediglich unter dem Namen „Junges Deutschland" formierte. Konnte das Junge Deutschland der ersten Phase als Organisationsform einer frühdemokratischen Bewegung bestimmt werden, so stellt der wiederaufgebaute Verein lediglich eine episodische Sonderentwicklung dar, während sich die weitere Traditionslinie der frühdemokratischen Bewegung in den Vereinen in Frankreich und England finden läßt. Zudem konnte die demokratische Bewegung zunehmend wieder in Deutschland aktiv werden.

6. Resümee

Die Teilergebnisse der strukturellen Analyse des Jungen Deutschland haben gezeigt, daß es den deutschen Flüchtlingen gelang, ein selbständiges und weitverzweigtes Vereinsnetz in der Schweiz aufzubauen. Der Verein bildete in der ersten Phase ein gut funktionierendes und für die in der Schweiz agierenden Emigranten wichtiges Kommunikationsforum.

Mit der vorliegenden Analyse des Jungen Deutschland kann aber auch vor allem der These widersprochen werden, daß der Emigrantenverein in der Schweiz als Ausgangsbasis für eine frühe deutsche Arbeiterbewegung zu betrachten ist. Die Ergebnisse haben vielmehr gezeigt, daß es sich bei dem Jungen Deutschland um einen Verein der entstehenden demokratischen Bewegung handelte.

Die Feststellung, daß das Junge Deutschland Merkmal einer kontinuierlichen Entwicklung der demokratischen Bewegung ist, konnte zum einen durch die Untersuchung der politischen Herkunft bzw. der unmittelbaren Vorgeschichte der Flüchtlinge, zum anderen mit einer Analyse ihres politischen Programms und durch die genaue Betrachtung, wie die Flüchtlinge die neue Vereinsorganisation ausgestaltet haben, bewiesen werden. Ihrer politischen Herkunft gemäß haben die deutschen Flüchtlinge in der Schweiz mit dem Jungen Deutschland eine Vereinsorganisation etabliert, die sich sowohl durch ihren strukturellen Aufbau als auch durch die entwickelten Vereinsprinzipien als demokratische Organisation erweist. Allerdings wurden ebenfalls elitäre Tendenzen in der Beziehung zu den Handwerkervereinen festgestellt.

Zudem hat die Betrachtung der politischen Ausrichtung der Mitglieder des Jungen Deutschland gezeigt, daß sich das politische Denken an den Differenzierungsprozeß der liberal-demokratischen Bewegung vor 1833 anschloß. Dabei konnte herausgearbeitet werden, daß sich die demokratischen Forderungen konkretisierten und die politische Ausrichtung sich hinsichtlich nationalstaatlicher Forderungen und sozialer Fragestellungen weiterentwickelte.

Durch die genaue Darstellung der Verbindung zwischen den Burschenschaften und dem radikalen Flügel der bürgerlichen Oppositionsbewegung vor 1833 gelang es, die Entwicklung der radikal-demokratischen Bewegung zu verfolgen und das Junge Deutschland innerhalb dieses Prozesses zu orten. Außerdem konnte auch ein direkter Zusammenhang zwischen den organisatorischen Ansätzen der Verbindung von Burschenschaften und dem radikaldemokratischen Flügel der bürgerlichen Bewegung auf der einen Seite und der Organisationsform des Jungen Deutschland auf der anderen Seite hergestellt werden.

In dem aufgezeigten Beziehungsgeflecht zwischen einem traditionell gewachsenen bzw. im Wachsen begriffenen deutschen Vereinswesen und geheimen politischen Gesellschaften, gelang es den Mitgliedern des Jungen Deutschland außerdem, einen eigenständigen Verein aufzubauen, der sowohl der Exilsituation als auch ihrem demokratischen Selbstverständnis Rechnung trug. Die Untersuchung des Vereinsverständnisses konnte als wichtigstes Ergebnis den engen Zusammenhang zwischen demokratischer Überzeugung der Mitglieder des Jungen Deutschland und strukturellem Aufbau der Vereinsorganisation sowie deren Auffassung über Zweck und Funktion des Vereins festhalten. Die demokratischen Forderungen wurden auf die Vereinsstrukturen projiziert, wobei die regelmäßige Anwendung demokratischer Handlungsmuster zu einer intensiven Verinnerlichung führte. Das Arkanum diente dabei ebenfalls in Kongruenz zu der politischen Ausrichtung des Vereins lediglich als Mittel zum Zweck und zum Schutz der Organisation. Die Untersuchung des Vereinsverständnisses konnte zudem die Auflösung des Vereins nach einer Revolution als demokratisches Merkmal herausarbeiten. Dieses Ergebnis verweist allerdings auch darauf, daß das Junge Deutschland nicht als ein Prototyp einer Partei gekennzeichnet werden kann. Die bewußt zeitlich begrenzte Organisation des Vereins zeigt, daß die Mitglieder mit der Vereinsorganisation nach einer Revolution keine politischen Aufgaben übernehmen wollten. Der Verein stellt sich als eine temporäre Organisationsform zur Propagandaarbeit und zur direkten Insurrektion dar.

Selbstverständlich unter Berücksichtigung, daß die Vereinsmitglieder des Jungen Deutschland nur einen Teil der deutschen Frühdemokraten darstellten, konnte die Emigrantenorganisation in der Schweiz also als ein Teil des Entwicklungsprozesses der demokratischen Bewegung herausgearbeitet werden. Obwohl dieses Ergebnis mit voller Gültigkeit nur bis 1836 zutrifft, hat es seine Relevanz für die frühdemokratische Bewegung über die erste Phase hinaus. Die große Bedeutung, die den demokratischen Strukturen im Verein zukam und die damit verbundene praktische Einübung demokratischer Umgangsformen sowie die Tatsache, daß überhaupt ein Forum für die radikaldemokratische Bewegung geschaffen wurde, während sie in den 30er Jahren in Deutschland keinen Handlungsspielraum mehr besaß, ist vor allem im Hinblick auf die schnelle Herausbildung des demokratischen Programms 1847 zu sehen. Indem außerdem direkt an die Entwicklung der radikaldemokratischen Bewegung angeknüpft wurde, konnte auch die Herausbildung einer abgegrenzten demokratischen Bewegung vorbereitet werden. Die konsequente Umsetzung demokratischer Überzeugung in den Aufbau des Vereinssystems, die Formulierung nationaler Forderungen in einem europäischen Kontext und die sukzessive Auseinandersetzung mit sozialen Fragestellungen stellen somit einen wichtigen Beitrag für die Herausbildung des demokratischen Programms dar. Auch die sich 1848 schnell bildende Anhängerschaft unter den Handwerkern für die demokratische Partei, indem sie sich massenhaft der Arbeiterverbrüderung anschlossen,[441] muß in diesem Zusammenhang betrachtet werden.

Allerdings müssen diese Ergebnisse hinsichtlich ihrer vollen Gültigkeit auf die erste Phase beschränkt werden, da sich nach 1836 grundlegende Veränderungen herausstellten. Nach 1836 exisitierten vielmehr zwei Vereinsformen. Während einerseits das politische Programm der ersten Neugründungen des Jungen Deutschland durchaus mit dem der ersten Phase korrespondierte und auch eine Weiterentwicklung auszumachen war, wurde an die frühere Vereinsorganisation nicht wieder angeknüpft. Andererseits zeigte der organisatorische Neuaufbau des Jungen Deutschland nach 1840 zwar einige Parallelen auf, doch konnten weder demokratische Intentionen bei dem strukturellen Ausbau der Vereinsorganisation, noch eine Beziehung zum politischen Programm des Jungen Deutschland der ersten Phase festgestellt werden. Die Nachwirkungen des Jungen Deutschland der ersten Phase sind vielmehr in den Auslandsvereinen in Paris und London zu finden.

Resümierend läßt sich formulieren, daß sich das Junge Deutschland als eine wichtige Etappe des Entwicklungsprozesses der frühdemokratischen Bewegung darstellt und die Mitglieder einen selbständigen Vereinsbegriff formulierten, der durchaus als Indikator und dynamischer Faktor für die entstehende demokratische Bewegung angesehen werden kann.

Die vorliegende Untersuchung liefert außerdem einen Hinweis dafür, daß die Betrachtung des Vereinsverständnisses, bzw. die Überprüfung, inwieweit das Vereinsprinzip mit der politischen Ausrichtung und dem strukturellen Aufbau korreliert, eine wichtige Ergänzung für die grundlegende Beurteilung eines politischen Vereins ist. Betrachtet man die aufgezeigte Aktivität der Mitglieder des Jungen Deutschland bei der Vereinsorganisation in London sowie in Paris bei der Spaltung des Bundes der Geächteten, erscheint eine genauere Untersuchung dieser Auslandsvereine hinsichtlich des Einflusses demokratischer Elemente von großem Nutzen für die Untersuchung der frühdemokratischen Bewegung.

---

[441] Vgl. Hardtwig, Vormärz, S. 153.

Literaturverzeichnis

1. Quellen

1. 1 Ungedruckte Quellen

- Geheimes Staatsarchiv - Preußischer Kulturbesitz, Berlin (GStA PK):
  I. HA Rep. 77 Ministerium des Innern,
  - Tit. 500, Nr. 10: Acta betr. die revolutionären Vereine unter den wandernden Handwerksgesellen, Vol. 1;
  - Tit. 509, Nr. 31: Acta betr. das revolutionäre Treiben und die Volksaufstände in der Schweiz, Vol. 2;
  - Tit. 509, Nr. 31, adh.: Acta betr. die polizeilichen Maßregeln gegen die in der Schweiz befindlichen und daraus verwiesenen politischen Flüchtlinge, Vol. 2;
  - Tit. 509, Nr. 41: Acta betr. die revolutionären Verbindnungen: Das junge Europa, das junge Deutschland, das junge Frankreich, die junge Schweiz, Vol. 1-2, 1836-1841.

- Schweizerisches Bundesarchiv Bern (BA B):
  D 0, Tagsatzungsperiode 1818-48,
  - Schachtel 1861, Politische Flüchtlinge. Akten betr. die Angelegenheiten der fremden Flüchtlinge in der Schweiz 1834-1837.

- Staatsarchiv des Kantons Bern (StA B):
  - Sachen- und Personenpolizei: BB IX 329, Korrespondenz politischen Inhalts: Jung Deutschland, Schweiz etc. (politische Umtriebe), 1834-1837;
  - Flüchtlinge: BB IX 335, Angelegenheiten politischer Flüchtlinge, 1834-1835;
  - Akten des Diplomatischen Departements: B I, 418, Band 51: Flüchtlingsangelegenheiten, 1833-1842.

- Staatsarchiv des Kantons Basel-Landschaft, Liestal (StA BL):
  Neueres Archiv 2003, Politisches,
  - C 2.1: Politische Flüchtlinge: Allgemeines und Einzelnes 1833-1848.

- Staatsarchiv des Kantons Luzern (StA L):
  Archiv 2, Fach 4 Sicherheitspolizei,
  - Nr. 24/52 A: Conseilhandel 1836;
  Familienarchiv Amrhyn,
  - FAA 4676: Akten politischer Flüchtlinge ca. 1834-36.

- Niedersächsische Staatsarchiv, Wolfenbüttel (NStA WF):
  211 N (Nachlaß des Demokraten Georg Fein (1803-1869) sowie Familie Fein (1737-) ca. 1772-1924),
  - Nr. 15: Eigene Briefe an die Mutter;
  - Nr. 31: Abschriften von politischen Korrespondenzen und Aktenstükken (insbesondere des Jungen Deutschland bzw. Europa; auch G. Kombst) [Heft XX] (1832-43);
  - Nr. 37: Eigene Briefe und Schreiben (1824-66);
  - Nr. 39: Abschriften von Aktenstücken und Korrespondenzen des Jungen Deutschland [Heft XVI] (1834-36);
  - Nr. 58: Abschriften von zumeist eigenen Briefen [Heft XVIII] (1840-41)
  - Nr. 59: Persönliches und politisches Tagebuch (Elsaß, u.a. Straßburg; Frankreich; Schweiz; Reisen) [Heft XIX] (1840-42)
  - Nr. 60: Abschriften von eigenen Briefen sowie von Schreiben des Straßburger Arbeiterbildungsvereins [Heft XXIII] (1840-43)
  - Nr. 81: Eigene Vorträge in USA über die neueste deutsche (politische) Geschichte seit 1830 (mit Nachträgen) [Heft] (1847 [ff.]).

- Staatsarchiv des Kantons Zürich (StA Z):
  P 187.1 Akten über Flüchtlinge, allgemein,
  - (1) Polizeikorrespondenz betr. Umtriebe von Flüchtlingen 1833-1871;
  - (2) Confiscierte Papiere deutscher Flüchtlinge 1834-36;
  - (2 C) Proklamationen der Flüchtlingsverbindungen „das junge Europa" und „das junge Deutschland" 1836.

1.2 Gedruckte Quellen

- [Gallus Jacob Baumgartner], Gutachten der Minderheit der Tagsatzungs-kommission über die Angelegenheit der Flüchtlinge, Bern 1836.
- Darlegung der Haupt-Resultate aus den wegen der revolutionären Complotte der neueren Zeit in Deutschland geführten Untersuchungen. Auf den Zeitabschnitt mit Ende Juli 1838, Frankfurt am Main [1838].
- A. Favre, Zentralpolizeidirektor und D. J. U. Lardy, Maire von Pons, Gene-ralbericht an den Staatsrath von Neuchatel über die geheime deutsche Propaganda, über die Klubbs des jungen Deutschlands und über den Lemanbund. Abdruck der in dem vierten Heft der Eidgenössischen Monatsschrift enthaltenen Uebersetzung, nebst Einleitung: Die Ge-schichte des deutschen Radikalismus in der Schweiz, Zürich 1846.
- [Heinrich Gelzer], Die Geheimen deutschen Verbindungen in der Schweiz seit 1833. Ein Beitrag zur Geschichte des modernen Radikalismus und Communismus. Aus gedruckten und ungedruckten Quellen, Basel 1847.
- Hauptbericht der Central-Untersuchungs-Kommission, d. d. Mainz den 14. Dezember 1827.
- Ernst Rudolf Huber (Hrsg.), Dokumente zur deutschen Verfassungsge-schichte, Bd. 1: Deutsche Verfassungsdokumente 1803-1850, Stuttgart 1961.
- L. F. Ilse, Geschichte der politischen Untersuchungen, welche durch die ne-ben der Bundesversammlung errichteten Kommissionen der Zentral-Untersuchungskommission zu Mainz und der Bundeszentralbehörde zu Frankfurt in den Jahren 1819 bis 1827 und 1833 bis 1842 geführt sind, Frankfurt a. M. 1860.
- Werner Kowalski (Bearb.), Vom kleinbürgerlichen Demokratismus zum Kommunismus. Zeitschriften aus der Frühzeit der deutschen Arbeiter-bewegung (1834-1847), Berlin 1967.
- Wilhelm Marr, Das junge Deutschland in der Schweiz. Ein Beitrag zur Ge-schichte der geheimen Verbindungen unserer Tage, Leipzig 1846; hier im Nachdruck: Glashütten im Taunus 1976.
- Helmut Reinalter, Anton Pelinka (Hrsg.), Die demokratische Bewegung in Deutschland von der Spätaufklärung bis zur Revolution 1848/49. Eine kommentierte Quellenauswahl, Frankfurt am Main 1998.
- [Jakob Emanuel Roschi], Bericht an den Regierungsrath der Republik Bern, betreffend die politischen Umtriebe, ab Seite politischer Flüchtlinge und andrer Fremden, in der Schweiz; mit besonderer Rücksicht auf den Can-ton Bern, Bern 1836.

- Hans-Joachim Ruckhäberle (Hrsg.), Bildung und Organisation in den deutschen Handwerksgesellen- und Arbeitervereinen in der Schweiz. Texte und Dokumente zur Kultur der deutschen Handwerker und Arbeiter 1834-1845, Tübingen 1983.
- Joseph Schauberg, Aktenmässige Darstellung der über die Ermordung des Studenten Lessing aus Freienwalde in Preußen bei dem Kriminalgerichte des Kantons Zürich geführten Untersuchung und Beilagenheft, Zürich 1837.
- Ernst Schüler, Die Regierung der Republik Bern und die Verfolgten der Könige. Als Verteidigung gegen eine Anklage auf „Hochverrat" vor den Gerichten und der öffentlichen Meinung. Ein Beitrag zur Geschichte Berns im Jahre 1836, Biel 1837.
- Philipp Jakob Siebenpfeiffer, Zwei gerichtliche Verteidigungsreden, Bern 1834.
- Verzeichnis der aus der Schweiz fortgeschafften politischen Flüchtlinge, und solcher, die im Ausland arretiert worden sind, so wie der in mehreren polizeilichen Untersuchungen über die politischen Umtriebe in der Schweiz mehr oder weniger impliziert erscheinenden Fremden, Bern 1836.
- Johann Georg August Wirth, Das Nationalfest der Deutschen zu Hambach, Neustadt 1832; hier im Nachdruck: Neustadt 1981.
- Johann Georg August Wirth, Die politisch-reformatorische Richtung der Deutschen im XVI. und XIX. Jhdt. Ein Beitrag zur Zeitgeschichte, Konstanz 1841.
- Johann Georg August Wirth, Die politische Reform Deutschlands. Noch ein dringendes Wort an die deutschen Volksfreunde, Strasburg 1832.

2. Forschungsliteratur

- Peter Alter, Nationalismus, Frankfurt am Main 1985.
- Otto Brugger, Geschichte der deutschen Handwerkervereine in der Schweiz 1836-1843. Die Wirksamkeit Weitlings (1841-1843), Bern und Leipzig 1932.
- Uwe Backes, Liberalismus und Demokratie – Antinomie und Synthese. Zum Wechselverhältnis zweier politischer Strömungen im Vormärz, Düsseldorf 2000.
- Otto Dann, Die Anfänge politischer Vereinsbildung in Deutschland, in: Ulrich Engelhardt u.a. (Hrsg.), Soziale Bewegung und politische Verfassung. Beiträge zur Geschichte der modernen Welt, Stuttgart 1976, S. 197-232.
- Otto Dann, Nation und Nationalismus in Deutschland 1770-1990, München ³1996.
- Dieter Düding, Einleitung. Politische Öffentlichkeit - politisches Fest - politische Kultur, in: Ders. (Hrsg.), Öffentliche Festkultur. Politische Feste in Deutschland von der Aufklärung bis zum 1. Weltkrieg, Reinbek bei Hamburg 1988, S. 10-24.
- August Wilhelm Fehling, Karl Schapper und die Anfänge der Arbeiterbewegung bis zur Revolution von 1848. Von der Burschenschaft zum Kommunismus. Ein Beitrag zur Geschichte des Handwerkerkommunismus, Phil. Diss., Rostock 1922 [Masch.].
- Cornelia Foerster, Der deutsche Preß- und Vaterlandsverein im Rahmen des frühen politischen Vereinswesens, in: Helmut Reinalter (Hrsg.), Die Anfänge des Liberalismus und der Demokratie in Deutschland und Österreich 1830-1848/49, Frankfurt am Main 2002, S. 213-228.
- Cornelia Foerster, Der Preß- und Vaterlandsverein von 1832/33. Sozialstruktur und Organisationsformen der bürgerlichen Bewegung in der Zeit des Hambacher Festes, Trier 1982.
- Antje Gerlach, Deutsche Literatur im Schweizer Exil. Die politische Propaganda der Vereine deutscher Flüchtlinge und Handwerksgesellen in der Schweiz von 1833 bis 1845, Frankfurt am Main 1975.
- Walter Grab, Von Mainz nach Hambach. Zur Kontinuität revolutionärer Bewegungen und ihrer Repression 1792-1832, in: Immanuel Geiß, Bernd Jürgen Wendt (Hrsg.), Deutschland in der Weltpolitik des 19. und 20. Jahrhunderts, Düsseldorf 1973, S. 50ff.

- Hans Henning Hahn, Die Organisation der polnischen „großen Emigration" 1831-1847, in: Theodor Schieder, Otto Dann (Hrsg.), Nationale Bewegung und soziale Organisation. Vergleichende Studien zur nationalen Vereinsbewegung des 19. Jahrhundert in Europa, München 1978, S. 131-279.
- Hans Henning Hahn, Möglichkeiten und Formen politischen Handelns in der Emigration. Ein historisch-systematischer Deutungsversuch am Beispiel des Exils in Europa nach 1830 und ein Plädoyer für eine international vergleichende Exilforschung. Theodor Schieder zum 70. Geburtstag, in: Archiv für Sozialgeschichte 23, 1983, S. 123-161.
- Wolfgang Hardtwig, Politische Gesellschaft und Verein zwischen aufgeklärten Absolutismus und der Grundrechtserklärung der Frankfurter Paulskirche, in: Günter Birtsch (Hrsg.), Grund- und Freiheitsrechte im Wandel von Gesellschaft und Geschichte. Beiträge zur Geschichte der Grund- und Freiheitsrechte vom Ausgang des Mittelalters bis zur Revolution von 1848, Göttingen 1981, S. 336-358.
- Wolfgang Hardtwig, Protestformen und Organisationsstrukturen der deutschen Burschenschaft 1815-1833, in: Helmut Reinalter (Hrsg.), Demokratische und soziale Protestbewegungen in Mitteleuropa 1815-1848/49, Frankfurt am Main 1986, S. 37-76.
- Wolfgang Hardtwig, Strukturmerkmale und Entwicklungstendenzen des Vereinswesens in Deutschland 1789-1848, in: Otto Dann (Hrsg.), Vereinswesen und bürgerliche Gesellschaft in Deutschland, München 1984, S. 11-50.
- Wolfgang Hardtwig, Vormärz. Der monarchische Staat und das Bürgertum, München [4]1998.
- Georg Heer, Die allgemeine deutsche Burschenschaft und die Burschentage 1827-1833, Heidelberg [2]1965.
- Georg Heer, Geschichte der deutschen Burschenschaften, Bd. 2, Die Demagogenzeit (1820-1833), Heidelberg [2]1965.
- Hans Gustav Keller, Das „Junge Europa" 1834-1836. Eine Studie zur Geschichte der Völkerbundsidee und des nationalen Gedankens, Zürich und Leipzig 1938.
- Sabine Kopf, Studenten im deutschen Preß- und Vaterlandsverein. Zum Verhältnis von Burschenschaften und nichtstudentischer bürgerlicher Opposition 1832/33, in: Helmut Asmus (Hrsg.), Studentische Burschenschaften und bürgerliche Umwälzung. Zum 175. Jahrestag des Wartburgfestes, Berlin 1992, S. 185-196.

- Werner Kowalski, Vorgeschichte und Entstehung des Bundes der Gerechten. Mit einem Quellenanhang, Berlin 1962.
- Oliver Lamprecht, Das Streben nach Demokratie, Volkssouveränität und Menschenrechten in Deutschland am Ende des 18. Jahrhunderts. Zum Staats- und Verfassungsverständnis der deutschen Jakobiner, Berlin 2001.
- Dieter Langewiesche, Europa zwischen Restauration und Revolution 1815-1849, München 1993.
- Luzius Lenherr, Ultimatum an die Schweiz. Der politische Druck Metternichs auf die Eidgenossenschaft infolge ihrer Asylpolitik in der Regeneration (1833-1836), Bern 1991.
- Dieter Lent (Bearb.), Findbuch zum Bestand „Nachlaß des Demokraten Georg Fein (1803-1869) sowie Familie Fein (1737-) ca. 1772-1924) 211 N", Wolfenbüttel 1991.
- M. Rainer Lepsius, Nation und Nationalismus in Deutschland, in: Heinrich August Winkler (Hrsg.), Nationalismus in der Welt von heute, Göttingen 1982, S. 12-27.
- Thomas Michael Mayer, Über den Alltag und die Parteiungen des Exils. Anläßlich von Büchners Briefen an Braubach und Geilfus, in: Erika Gillmann u.a. (Hrsg.), Georg Büchner an „Hund" und „Kater". Unbekannte Briefe des Exils, Marburg 1993, S. 41-146.
- Thomas Nipperdey, Reinhard Rürup, Art. „Antisemitismus", in: Otto Brunner u.a. (Hrsg.), Geschichtliche Grundbegriffe, Bd. 1, Stuttgart 1972, S. 129-153.
- Thomas Nipperdey, Verein als soziale Struktur in Deutschland im späten 18. und frühen 19. Jahrhundert, in: Hartmut Boockmann u.a. (Hrsg.), Geschichtswissenschaft und Vereinswesen im 19. Jahrhundert. Beiträge zur Geschichte historischer Forschung in Deutschland, Göttingen 1972, S. 1-44.
- Anton Müller, Jungdeutsche Elemente in Luzern, in: Zeitschrift für schweizerische Geschichte 29, 1949, S. 557-569.
- Karl Obermann, Zur Frühgeschichte der deutschen Arbeiterbewegung (1833-1836), in: Fritz Klein, Joachim Streisand (Hrsg.), Beiträge zum neuen Geschichtsbild. Zum 60. Geburtstag von Alfred Meusel, Berlin 1956, S. 201-235.
- Georg Polster, Politische Studentenbewegung und bürgerliche Gesellschaft. Die Würzburger Burschenschaft im Kräftefeld von Staat, Universität und Stadt 1814-1850, Heidelberg 1989.

- Wilhelm Prechner, Der Savoyerzug 1834. Die Geschichte eines mißlungenen Revolutionsversuches, in: Zeitschrift für schweizerische Geschichte 4, 1924, S. 459-507.
- Helmut Reinalter, Der Jakobinismus in Mitteleuropa. Eine Einführung, Stuttgart 1981.
- Helmut Reinalter, Die Französische Revolution und Mitteleuropa. Erscheinungsformen und Wirkungen des Jakobinismus. Seine Gesellschaftstheorien und politischen Vorstellungen, Frankfurt am Main 1988.
- Helmut Reinalter, Einführung. Die frühe liberale und demokratische Bewegung in Deutschland und Österreich 1815–1848/49, in: Ders. (Hrsg.) Die Anfänge des Liberalismus und der Demokratie in Deutschland und Österreich 1830-1848/49, Frankfurt am Main 2002, S. 9-19.
- Helmut Reinalter, Zur Einführung: „Republik". Zu Theorie und Begriff seit der Aufklärung, in: Ders. (Hrsg), Republikbegriff und Republiken seit dem 18. Jahrhundert im europäischen Vergleich. Internationales Symposium zum österreichischen Millennium, Frankfurt am Main 1999, S. 15-25.
- Herbert Reiter, Politisches Asyl im 19. Jahrhundert. Die deutschen politischen Flüchtlinge des Vormärz und der Revolution von 1848/49 in Europa und den USA, Berlin 1992.
- Severin Roeseling, Burschenehre und Bürgerrecht. Die Geschichte der Heidelberger Burschenschaft von 1828 bis 1834, Heidelberg 1999.
- Wolfgang Schieder, Anfänge der deutschen Arbeiterbewegung. Die Auslandsvereine im Jahrzehnt nach der Julirevolution von 1830, Stuttgart 1963.
- Heinrich Schmidt, Die deutschen Flüchtlinge in der Schweiz und die erste deutsche Arbeiterbewegung 1833-1836, Zürich 1899; hier im Nachdruck: Hildesheim 1971.
- Ernst Schraepler, Geheimbündelei und soziale Bewegung. Zur Geschichte des „Jungen Deutschland" in der Schweiz, in: International Review of Social History 7, 1962, S. 61-92.
- Ernst Schraepler, Handwerkerbünde und Arbeitervereine 1830-1853. Die politische Tätigkeit deutscher Sozialisten von Wilhelm Weitling bis Karl Marx, Berlin 1972.
- Waltraud Seidel-Höppner, Zum Demokratieverständnis der deutschen Arbeiterbewegung vor 1848, in: Helmut Reinalter (Hrsg.), Die Anfänge des Liberalismus und der Demokratie in Deutschland und Österreich 1830-1848/49, Frankfurt am Main 2002, S. 111-132.
- Thomas Sprecher, Thomas Mann in Zürich, Zürich 1992.

- Alfred Stern, Geschichte Europas von 1830 bis 1848, Bd. 1, Stuttgart [2]1921, Bd. 2, Stuttgart [2]1924.
- Klaus Urner, Die Deutschen in der Schweiz. Von den Anfängen der Koloniebildung bis zum Ausbruch des Ersten Weltkrieges, Frauenfeld 1976.
- Petra Weber, Sozialismus als Kulturbewegung. Frühsozialistische Arbeiterbewegung und das Entstehen zweier feindlicher Brüder Marxismus und Anarchismus, Düsseldorf 1989.
- Peter Wende, Radikalismus im Vormärz. Untersuchungen zur politischen Theorie der frühen deutschen Demokratie, Wiesbaden 1975.
- Heinrich August Winkler, Der Nationalismus und seine Funktionen, in: Ders. (Hrsg.), Liberalismus und Antiliberalismus. Studien zur politischen Sozialgeschichte des 19. und 20. Jahrhunderts, Göttingen 1979, S. 52-80.

Personenregister

Bakunin, Michael   92

Bauer, Bruno   106

Barth, Adolf   45

Barth, Carl Theodor   29, 36, 57

Becker, August   96f.

Breidenstein, August   29, 31,
36, 56f.

Breidenstein, Friedrich   31, 36,
56

Brüggemann, Karl Heinrich
22, 70

Büchner, Georg   103

Buonarotti, Philippe   28, 91f.

Calmes   64

Cratz, Karl   37f.

Dieffenbach, Ernst   50

Döleke, Hermann   96-101,
106f., 110

Dörnberg   38

Ehrhardt, Friedrich Gustav   37

Eichborn, Hermann   58

Eisenmann, Gottfried   20

Eyb, Baron von   61

Fein, Georg   14, 22, 27, 38, 46,
48-50, 52, 55, 57f., 60-64,
77, 80f., 85f., 89, 91, 97,
99, 101-110

Feuerbach, Ludwig   106

Foerster, Cornelia   21

Follen, Karl   20, 68-70

Gelpke, Julius   73

Glück, Wilhelm Christian   45

Grauff, Friedrich Andreas Christian   96

Groß, Anton   38

Gündle, Leopold   53

Gummen   62-64

Hochdörfer, Johann Heinrich
95f., 105, 109f.

Jenni   57

Kotzebue, August von   16, 69

Kowalski, Werner   9, 53, 64

Licius, Bernhard   29

Mann, Thomas   7

Marr, Wilhelm   96-101, 106-
108, 110

Mazzini, Giuseppe   7, 28-33,
37, 44, 75-78, 83, 89, 91

Metternich, Clemens Fürst von
69

Mühlhäuser, Jakob   38

Nast   31, 88

Oken, Lorenz   45

Peters, Georg   29, 31, 36, 38

Pistor, Daniel Ludwig   20

Pratobevera, Adolf von   64

Rauschenplat, Hermann von 29, 37f., 45f., 60f., 64, 88f.

Reinalter, Helmut 13

Robespierre, Maximilien de 79

Roschi, Jakob Emanuel 36, 47

Rust, Klemens 29, 64

Sand, Karl Ludwig 69

Schapper, Karl 29, 64

Scharpff, Christian 36

Schieder, Wolfgang 11, 35, 41, 47, 84, 86, 89

Schmidt, Simon 96

Schönlein, Johann Lucas 45

Schraepler, Ernst 81

Schüler, Ernst 36, 38f., 47-50, 53, 56f., 60f., 63, 73, 76f., 79-81, 89-91, 95f., 103, 109

Schulz, Wilhelm 68

Scriba, Eduard 32, 36, 38, 45, 47, 51, 60, 76, 79, 84, 86, 88f., 91

Seidensticker, Georg 107

Siebenpfeiffer, Philipp Jakob 20, 70f.

Snell, Johann Wilhelm 45

Soldan, Karl 29, 36, 38

Stolzmann, Karol 62

Standau, Julius 96, 99-101, 106

Stern, Alfred 28

Strauß, David Friedrich 106

Strohmeyer, Franz 29, 31, 36, 88

Thölke, Wilhelm 38

Venedey, Jakob 80

Vincenz, Carl Wilhelm 29, 65

Wedekind, Georg 67f.

Weitling, Wilhelm 81, 96f., 104-108

Weizel, Ludwig 96

Wende, Peter 13, 67

Wirth, Johann Georg August 21, 23, 27, 70f., 75-77, 80, 90, 96, 98, 102f., 105

Witte 59

Wolff, Conrad 38

SCHRIFTENREIHE DER INTERNATIONALEN FORSCHUNGSSTELLE
"DEMOKRATISCHE BEWEGUNGEN IN MITTELEUROPA 1770-1850"

Herausgegeben von Helmut Reinalter

Band 1 Helmut Reinalter: Bibliographie zur Geschichte der demokratischen Bewegungen in Mitteleuropa 1770-1850. 1990.

Band 2 Helmut Reinalter (Hrsg.): Die Französische Revolution - Forschung - Geschichte - Wirkung. 1990.

Band 3 Winfried Dotzauer: Quellen zur Geschichte der deutschen Freimaurerei im 18. Jahrhundert unter besonderer Berücksichtigung des Systems der Strikten Observanz. 1991.

Band 4 Helmut Reinalter (Hrsg.): Die Aufklärung in Österreich. Ignaz von Born und seine Zeit. 1991.

Band 5 Erich Donnert: Kurland im Ideenbereich der Französischen Revolution. Politische Bewegungen und gesellschaftliche Erneuerungsversuche 1789-1795. 1992.

Band 6 Helmut Reinalter (Hrsg.): Die Französische Revolution, Mitteleuropa und Italien. 1992.

Band 7 Helmut Reinalter / Axel Kuhn / Alain Ruiz (Hrsg.): Biographisches Lexikon zur Geschichte der demokratischen und liberalen Bewegungen in Mitteleuropa Bd. 1 (1770-1800). 1992.

Band 8 Franz Biet: Die ungeschminkte Maurertugend. Georg Forsters freimaurerische Ideologie und ihre Bedeutung für seine philosophische Entwicklung. 1993.

Band 9 Helmut Reinalter (Hrsg.): Der Josephinismus. Bedeutung, Einflüsse und Wirkungen. 1993.

Band 10 Helmut Reinalter (Hrsg.): Aufklärungsgesellschaften. 1993.

Band 11 Helmut Reinalter (Hrsg.): Gesellschaft und Kultur Mittel-, Ost- und Südosteuropas im 18. und beginnenden 19. Jahrhundert. Festschrift für Erich Donnert zum 65. Geburtstag. 1994.

Band 12 Herbert Schneider: Deutsche Freimaurer Bibliothek. Teil 1: Katalog. Teil 2: Register. 1993.

Band 13 Renate Endler / Elisabeth Schwarze: Die Freimaurerbestände im Geheimen Staatsarchiv Preußischer Kulturbesitz. Bd. I Großlogen und Protektor. Freimaurerische Stiftungen und Vereinigungen. 1994.

Band 14 Helmut Reinalter (Hrsg.): Europaideen im 18. und 19. Jahrhundert in Frankreich und Zentraleuropa. 1994.

Band 15 Hans-Josef Irmen (Hrsg.): Die Protokolle der Wiener Freimaurerloge "Zur wahren Eintracht" (1781-1785). Herausgegeben von Hans-Josef Irmen in Zusammenarbeit mit Frauke Heß und Heinz Schuler. 1994.

Band 16 Gerhard W. Fuchs: Karl Leonhard Reinhold – Illuminat und Philosoph. Eine Studie über den Zusammenhang seines Engagements als Freimaurer und Illuminat mit seinem Leben und philosophischen Wirken. 1994.

Band 17 Helmut Reinalter / Karlheinz Gerlach (Hrsg.): Staat und Bürgertum im 18. und frühen 19. Jahrhundert. Studien zu Frankreich, Deutschland und Österreich. 1996.

Band 18 Renate Endler / Elisabeth Schwarze-Neuß: Die Freimaurerbestände im Geheimen Staatsarchiv Preußischer Kulturbesitz. Bd. II Tochterlogen. 1996.

Band 19 Helmut Reinalter / Anton Pelinka (Hrsg.): Die Anfänge der demokratischen Bewegung in Österreich von der Spätaufklärung bis zur Revolution 1848/49. Eine kommentierte Quellenauswahl. 1998.

Band 20 Erich Donnert (Hrsg.): Echo und Wirkungen der Französischen Revolution bei den slawischen Völkern und ihren Nachbarn. 1996.

Band 21 Joachim Hurwitz: Joseph Haydn und die Freimaurer. 1996.

Band 22 Karlheinz Gerlach (Hrsg.): Berliner Freimaurerreden. 1743-1804. 1996.

Band 23 Helmut Reinalter / Peter Leisching: Die polnische Verfassung vom 3. Mai 1791 vor dem Hintergrund der europäischen Aufklärung. 1997.

Band 24 Helmut Reinalter (Hrsg.): Der Illuminatenorden (1776-1785/87). Ein politischer Geheimbund der Aufklärungszeit. 1997.

Band 25 Helmut Reinalter / Anton Pelinka (Hrsg.): Die demokratische Bewegung in Deutschland von der Spätaufklärung bis zur Revolution 1848/49. Eine kommentierte Quellenauswahl. 1998.

Band 26 Wilgert te Lindert: Aufklärung und Heilserwartung. Philosophische und religiöse Ideen Wiener Freimaurer (1780-1795). 1998.

Band 27 Stefan Reinhardt: Die Darstellung der Revolution von 1848/49 in den Lebenserinnerungen von Carl Schurz und Otto von Corvin. 1999.

Band 28 Helmut Reinalter (Hrsg.): Republikbegriff und Republiken seit dem 18. Jahrhundert im europäischen Vergleich. Internationales Symposium zum österreichischen Millennium. 1999.

Band 29 Jörg Schweigard: Aufklärung und Revolutionsbegeisterung. Die katholischen Universitäten Mainz, Heidelberg und Würzburg im Zeitalter der Französischen Revolution (1789-1792/93-1803). 2000.

Band 30 Dmitrij Alekseevic Golicyn: Vom Geist der Ökonomisten. Russisches Beispiel eines europäischen Aufklärers. Eingeleitet, kommentiert und herausgegeben von Erich Donnert. 2001.

Band 31 Helmut Reinalter (Hrsg.): Die europäische Revolution 1848/49 in Polen und Österreich und ihre Folgen. 2001.

Band 32 Helmut Reinalter (Hrsg.): Die Anfänge des Liberalismus und der Demokratie in Deutschland und Österreich 1830-1848/49. 2001.

Band 33 Joachim Höppner/Waltraud Seidel-Höppner: Etienne Cabet und seine Ikarische Kolonie. Sein Weg vom Linksliberalen zum Kommunisten und seine Kolonie in Darstellung und Dokumenten. 2002.

Band 34 Joseph Freiherr von Hormayr zu Hortenburg: Politisch-historische Schriften, Briefe und Akten. Herausgegeben von Helmut Reinalter in Verbindung mit Dusan Uhlir. Bearbeitet von Barbara Gant und Matthias Rettenwander. 2003.

Band 35 Helmut Reinalter (Hrsg.): Die deutschen und österreichischen Freimaurerbestände im Deutschen Sonderarchiv in Mokau (heute Aufbewahrungszentrum der historisch-dokumentarischen Kollektionen). 2002.

Band 36 Aufklärung, Freimaurerei und Demokratie im Diskurs der Moderne. Festschrift zum 60. Geburtstag von Helmut Reinalter. Herausgegeben von Michael Fischer, Marita Gilli, Manfred Jochum und Anton Pelinka. 2003.

Band 37 Andreas Eschen: Das Junge Deutschland in der Schweiz. Zur Vereinsorganisation der frühdemokratischen Bewegung im Vormärz. 2004.

www.peterlang.de

Peter Lang · Europäischer Verlag der Wissenschaften

Helmut Reinalter (Hrsg.)

Aufklärung – Vormärz – Revolution

Jahrbuch der „Internationalen Forschungsstelle Demokratische Bewegungen in Mitteleuropa von 1770–1850" an der Universität Innsbruck, Bd. 21 (2001)

Frankfurt am Main, Berlin, Bern, Bruxelles, New York, Oxford, Wien, 2002.
280 S.
Jahrbuch Aufklärung - Vormärz - Revolution.
Herausgegeben von Helmut Reinalter. Bd. 21
ISBN 3-631-38227-8 · br. € 51.50*

Das Jahrbuch Aufklärung – Vormärz – Revolution der Internationalen Forschungsstelle „Demokratische Bewegungen in Mitteleuropa von 1770–1850" an der Universität Innsbruck dokumentiert die Forschungsarbeiten, die im Rahmen der erwähnten Forschungsstelle durchgeführt und/oder angeregt wurden. Sie befassen sich schwerpunktmäßig mit der Politisierung der Aufklärung, mit den Wirkungen der Französischen Revolution, mit den demokratischen und liberalen Bewegungen im Zeitalter der Restauration und im Vormärz sowie mit der Revolution 1848/49.

Aus dem Inhalt: Politische Tugend im 18. Jhd. · Sansculotten in Deutschland · Die Anfänge des Liberalismus · Forschungsberichte · Rezensionen

Frankfurt am Main · Berlin · Bern · Bruxelles · New York · Oxford · Wien
Auslieferung: Verlag Peter Lang AG
Moosstr. 1, CH-2542 Pieterlen
Telefax 00 41 (0) 32 / 376 17 27

*inklusive der in Deutschland gültigen Mehrwertsteuer
Preisänderungen vorbehalten

Homepage http://www.peterlang.de